小微企业财税实操

从入门到精通

许小恒 著

SPM 南方传媒 广东经济出版社
·广州·

图书在版编目（CIP）数据

小微企业财税实操从入门到精通 / 许小恒著. --广州：广东经济出版社，2025.3. --ISBN 978-7-5454-9403-7

Ⅰ.F812.422

中国国家版本馆 CIP 数据核字第 2024GR8228 号

责任编辑：蒋先润
责任校对：李玉娴
责任技编：陆俊帆

小微企业财税实操从入门到精通
XIAOWEI QIYE CAISHUI SHICAO CONG RUMEN DAO JINGTONG

出 版 人：	刘卫平
出版发行：	广东经济出版社（广州市水荫路 11 号 11～12 楼）
印　　刷：	珠海市国彩印刷有限公司
	（珠海市金湾区红旗镇虹晖三路北侧，永安一路西侧）

开　　本：730mm×1020mm 1/16	印　张：13
版　　次：2025 年 3 月第 1 版	印　次：2025 年 3 月第 1 次
书　　号：ISBN 978-7-5454-9403-7	字　数：207 千字
定　　价：58.00 元	

发行电话：（020）87393830
广东经济出版社常年法律顾问：胡志海律师
如发现印装质量问题，请与本社联系，本社负责调换
版权所有·侵权必究

读懂财税，为企业发展保驾护航

小微企业即小型微利企业，是指从事国家非限制和禁止行业，且同时符合年度应纳税所得额不超过300万元、从业人数不超过300人、资产总额不超过5000万元三个条件的企业。

小微企业的概念最早由经济学家郎咸平于2011年提出，他指出小微企业是小型企业、微型企业、家庭作坊式企业、个体工商户的总称。

近些年来，国家一直在大力支持小微企业发展，在政府的支持和帮扶下，大量的小微企业如雨后春笋般涌现出来。截至2024年7月，我国中小微企业数量超过5300万家，此外，还有超过1.25亿户个体工商户。

在2018年第十届陆家嘴论坛上，时任央行行长易纲在发言时指出：中小微企业贡献了全国80%以上的就业、70%以上的专利发明、60%以上的GDP（国内生产总值）和50%以上的税收。可见，小微企业在增加就业、增强经济活力、促进经济增长和社会和谐稳定方面具有重要的战略意义。

但同大中型企业相比，小微企业通常又存在固定资产少、财会人才匮乏、财务管理落后、财务岗位不健全、会计资料不完整、融资贵融资难、财务风险大等问题。

同时，小微企业由于缺乏严格的财税内控与合规制度，面对日益复杂的税收监管政策法规，很容易出现财税风险。尤其是随着金税四期的启动、国内税制的进一步完善、大数据技术的普遍应用，小微企业正面临来自税务机关越来越严格的监管和较大的涉税风险，其根源在于企业经营不规范、不遵守税收法律法规，导致不纳税、少纳税被追缴税金、滞纳金，被罚款，受到行政处罚，承担刑事责任等，以及因用错税收政策、没有享受可适用的税收优惠政策导致多纳税、承受较大的税务负担等。在2021年的税务稽查中，仅"虚开发票"这一项，被查处的企业就多达44万家，其中大多是小微企业。

追根溯源，其实很多小微企业并不是有意进行财务违规操作，很多财税风险都是在不知情、缺乏意识、处于认知盲区、不了解政策的情况下发生的。

小微企业财务人员的当务之急是补齐财税短板，在企业的初始阶段就要做好企业财税的"顶层设计"，即建立和完善各项有关财税的规章制度，确定企业即将使用的会计准则、制度，确定会计核算方法和涉及的税种类型，建立账簿，同时建立完善的治理结构和财税内控机制，将财税风险控制在源头。

不仅财务部门，小微企业的经营者乃至业务部门都要学习财税知识，建立财税思维，主要体现在两个方面：财务思维，就是能从财务的角度去理解业务核心点，即理解会计语言；税务思维，就是将税务融入业务，从纳税和税务筹划的角度去重新考量业务。在这种思维模式下，企业的税收将不仅仅是财务部门做账做出来的，也是业务部门做业务做出来的。建立财税思维能让企业利润倍增、风险可控、节税有方。

本书通过会计科目设置、财务处理规范、纳税申报实务和税务筹划实操等内容来解读小微企业经济业务的账务与财税处理问题，并对最新的财税政策进行解读，以帮助企业进行税务筹划。本书通过分享财税实操知识，旨在帮助小微企业构建坚实的财务和税务"防火墙"，保障财产安全，规避财税风险，进而提升企业的经营效率和经济效益。

许小恒
2024年秋

目　　录

第一章　财税管理基础：小微企业的财税思维 ……………… 1
- 小微企业的认定标准 ……………………………………… 2
- 企业初创期的财税工作重点 ……………………………… 7
- 财务能为企业做什么 ……………………………………… 11
- 小微企业的财税思维 ……………………………………… 15
- 新时代下的财税形势 ……………………………………… 19

第二章　财务内控制度：财税管理的新型武器 ……………… 23
- 小微企业如何定位财务部门 ……………………………… 24
- 基于胜任力选聘财务人员 ………………………………… 28
- 做好财务人员的管控与考核 ……………………………… 33
- 完善公司治理结构 ………………………………………… 38
- 打造财务内部控制系统 …………………………………… 44
- 财务管控的反舞弊机制 …………………………………… 49

第三章　会计科目设置：基于会计准则来做账 ……………… 53
- 会计的基本职能与假设 …………………………………… 54
- 依法依规来做账 …………………………………………… 59
- 会计的六大要素 …………………………………………… 62
- 会计凭证与会计账簿 ……………………………………… 68
- 最基本的记账方法：借贷记账法 ………………………… 71
- 小微企业建账实操 ………………………………………… 75

第四章　财务处理规范：小微企业的财务处理 ……………… 79
- 小微企业的会计核算流程 ………………………………… 80
- 现金管理：管好企业的"钱袋子" ……………………… 83
- 应收账款：到账的钱才是钱 ……………………………… 88
- 存货管理：管好企业的"后院" ………………………… 92
- 成本管理：盈利的起点 …………………………………… 95
- 预算管理：预则立，不预则废 …………………………… 99

I

第五章 纳税申报实务：各项税费计算及申报 ········· 103

小规模纳税人和一般纳税人的认定 ········· 104
企业所得税：查账征收和核定征收 ········· 109
应纳税所得额如何确定 ········· 113
小规模纳税人税费核算和申报 ········· 117
小微企业如何规范开具发票 ········· 120
小微企业差额征税如何填报 ········· 125

第六章 财务报表解读：借助报表来管理企业 ········· 129

财务报表的列报要求与作用 ········· 130
解读资产负债表 ········· 134
解读利润表 ········· 139
解读现金流量表 ········· 145
财务报表分析的作用与局限性 ········· 148

第七章 税务筹划实操：实现税收利益最大化 ········· 153

税务筹划基础 ········· 154
小微企业如何筹划企业所得税 ········· 159
如何筹划增值税 ········· 164
股东分红如何进行税务筹划 ········· 168
缺失成本票怎么办 ········· 171
小微电商企业如何进行税务筹划 ········· 175

第八章 财税风险管控：堵住企业的财税漏洞 ········· 179

金税四期对企业的意义 ········· 180
小微企业常见财税风险（一） ········· 184
小微企业常见财税风险（二） ········· 189
小微企业的零申报问题 ········· 193
哪些企业会被税务机关"盯上" ········· 198

财税管理基础：小微企业的财税思维

相较于大中型企业，小微企业由于缺乏严格的财税内控和合规机制，更容易出现财税风险。企业在发展初期就要树立正确的财税观念，这样既能够降低财税风险，确保企业健康发展，又有助于作出理性的经济决策，为企业持续发展打下坚实的基础。

小微企业的认定标准

小微企业是小型企业、微型企业、家庭作坊式企业和个体工商户的统称。截至2024年7月，我国中小微企业数量已超过5300万家，其中大部分为小微企业。

小微企业是我国数量最大、最具活力的一个企业群体，广泛分布于国民经济的各个细分领域，专注于产业链配套，为社会提供了形形色色的产品和服务，同时以产业链为纽带提升了大中小企业的融通能力，是确保产业链稳定和竞争力的关键力量。小微企业也是吸纳和调节就业的重要蓄水池，在经济社会发展全局中发挥着不可替代的作用。

我国小微企业的认定，大致有三大标准。

1. 行业认定标准

小微企业认定的行业标准，主要是基于2011年工业和信息化部、国家统计局、国家发展和改革委员会、财政部联合发布的《关于印发中小企业划型标准规定的通知》（工信部联企业〔2011〕300号）。根据企业从业人员、营业收入和资产总额等指标，结合行业特点制定划型标准，将中小企业划分为中型、小型和微型三种类型。中小企业认定标准如表1-1所示。

表1-1 中小企业认定标准

行业	认定标准
农、林、牧、渔业	营业收入20000万元以下的为中小微型企业。其中，营业收入500万元及以上的为中型企业，营业收入50万元及以上的为小型企业，营业收入50万元以下的为微型企业

续表

行业	认定标准
工业	从业人员1000人以下或营业收入40000万元以下的为中小微型企业。其中，从业人员300人及以上，且营业收入2000万元及以上的为中型企业；从业人员20人及以上，且营业收入300万元及以上的为小型企业；从业人员20人以下或营业收入300万元以下的为微型企业
建筑业	营业收入80000万元以下或资产总额80000万元以下的为中小微型企业。其中，营业收入6000万元及以上，且资产总额5000万元及以上的为中型企业；营业收入300万元及以上，且资产总额300万元及以上的为小型企业；营业收入300万元以下或资产总额300万元以下的为微型企业
批发业	从业人员200人以下或营业收入40000万元以下的为中小微型企业。其中，从业人员20人及以上，且营业收入5000万元及以上的为中型企业；从业人员5人及以上，且营业收入1000万元及以上的为小型企业；从业人员5人以下或营业收入1000万元以下的为微型企业
零售业	从业人员300人以下或营业收入20000万元以下的为中小微型企业。其中，从业人员50人及以上，且营业收入500万元及以上的为中型企业；从业人员10人及以上，且营业收入100万元及以上的为小型企业；从业人员10人以下或营业收入100万元以下的为微型企业
交通运输业	从业人员1000人以下或营业收入30000万元以下的为中小微型企业。其中，从业人员300人及以上，且营业收入3000万元及以上的为中型企业；从业人员20人及以上，且营业收入200万元及以上的为小型企业；从业人员20人以下或营业收入200万元以下的为微型企业
仓储业	从业人员200人以下或营业收入30000万元以下的为中小微型企业。其中，从业人员100人及以上，且营业收入1000万元及以上的为中型企业；从业人员20人及以上，且营业收入100万元及以上的为小型企业；从业人员20人以下或营业收入100万元以下的为微型企业
邮政业	从业人员1000人以下或营业收入30000万元以下的为中小微型企业。其中，从业人员300人及以上，且营业收入2000万元及以上的为中型企业；从业人员20人及以上，且营业收入100万元及以上的为小型企业；从业人员20人以下或营业收入100万元以下的为微型企业

续表

行业	认定标准
住宿业	从业人员300人以下或营业收入10000万元以下的为中小微型企业。其中，从业人员100人及以上，且营业收入2000万元及以上的为中型企业；从业人员10人及以上，且营业收入100万元及以上的为小型企业；从业人员10人以下或营业收入100万元以下的为微型企业
餐饮业	从业人员300人以下或营业收入10000万元以下的为中小微型企业。其中，从业人员100人及以上，且营业收入2000万元及以上的为中型企业；从业人员10人及以上，且营业收入100万元及以上的为小型企业；从业人员10人以下或营业收入100万元以下的为微型企业
信息传输业	从业人员2000人以下或营业收入100000万元以下的为中小微型企业。其中，从业人员100人及以上，且营业收入1000万元及以上的为中型企业；从业人员10人及以上，且营业收入100万元及以上的为小型企业；从业人员10人以下或营业收入100万元以下的为微型企业
软件和信息技术服务业	从业人员300人以下或营业收入10000万元以下的为中小微型企业。其中，从业人员100人及以上，且营业收入1000万元及以上的为中型企业；从业人员10人及以上，且营业收入50万元及以上的为小型企业；从业人员10人以下或营业收入50万元以下的为微型企业
房地产开发经营	营业收入200000万元以下或资产总额10000万元以下的为中小微型企业。其中，营业收入1000万元及以上，且资产总额5000万元及以上的为中型企业；营业收入100万元及以上，且资产总额2000万元及以上的为小型企业；营业收入100万元以下或资产总额2000万元以下的为微型企业
物业管理	从业人员1000人以下或营业收入5000万元以下的为中小微型企业。其中，从业人员300人及以上，且营业收入1000万元及以上的为中型企业；从业人员100人及以上，且营业收入500万元及以上的为小型企业；从业人员100人以下或营业收入500万元以下的为微型企业
租赁和商务服务业	从业人员300人以下或资产总额120000万元以下的为中小微型企业。其中，从业人员100人及以上，且资产总额8000万元及以上的为中型企业；从业人员10人及以上，且资产总额100万元及以上的为小型企业；从业人员10人以下或资产总额100万元以下的为微型企业

续表

行业	认定标准
其他未列明行业	从业人员300人以下的为中小微型企业。其中，从业人员100人及以上的为中型企业，从业人员10人及以上的为小型企业，从业人员10人以下的为微型企业

2021年，工信部开始对以上中小企业认定标准进行大幅修订，已形成修订征求意见稿，正在征求意见，目前尚未定稿。

2. 税法认定标准

税法上的小微企业，指符合《中华人民共和国企业所得税法》《中华人民共和国企业所得税法实施条例》以及相关税收政策规定的从事国家非限制和禁止行业，且同时符合年度应纳税所得额不超过300万元、从业人数不超过300人、资产总额不超过5000万元三个条件的企业。

具体到不同税种上，对小微企业的认定标准又各不相同（见表1-2）。

表1-2　不同税种对小微企业的认定标准

税种	认定标准
增值税	月销售额在15万元以下，或季销售额在45万元以下的小规模纳税人
企业所得税	满足年度应纳税所得额≤300万元，从业人数≤300人、资产总额≤5000万元三个条件，以及享受税收优惠政策，还必须从事国家非限制和禁止行业的企业
企业残保金	在职职工总数30人（含）以下的企业
"六税两费"［资源税、城市维护建设税、房产税、城镇土地使用税、印花税（不含证券交易印花税）、耕地占用税和教育费附加、地方教育附加］	所有的小规模纳税人（税费优惠政策由省级人民政府决定，可以在50%的税额幅度内减征）
"两费一金"（教育费附加、社会抚养费、福利彩票公益金）	按月纳税的月销售额或营业额不超过15万元（按季度纳税的季度销售额或营业额不超过45万元）的纳税义务人（2021年已取消社会抚养费）

当前，国家对小微企业有诸多税收优惠政策，如按照规定实行缓征、减征、免征企业所得税、增值税等措施，简化税收征管程序，以此减轻小微企业的税收负担。

符合条件的企业可去注册所在地工信部门申请小微企业认定，以享受税收优惠政策。申请小微企业认定需要准备以下材料：

（1）中小微型企业认定申报表。

（2）营业执照、组织机构代码证、税务登记证（副本）的原件、复印件并加盖公章。

（3）企业上一年度财务审计报告（或财务报表）原件、复印件两份并加盖公章。

（4）企业上一年度缴纳职工养老保险单据（全年缴纳人数没有变动的，仅需提供12月的单据）原件、复印件并加盖公章。

3. 会计准则认定标准

《小企业会计准则》将"小企业"界定为在中华人民共和国境内依法设立的、符合《中小企业划型标准规定》所规定的小型企业标准的企业。

需要注意的是，小微企业的认定标准会因地区法规和政策而有所不同，企业应具体了解所在地具体的法律法规和税收政策，以确定自己是否符合小微企业的条件，是否能够享受相应的税收优惠政策。

小微企业的认定标准并非固定不变，它会随着国家经济发展和税收政策的变化而调整。在实际操作中，企业应根据最新的政策规定和评估标准进行自我评估，以确定自己是否符合小微企业的认定标准。

企业初创期的财税工作重点

财税实际上是由会计、财务、税务三大要素组成的。

会计有两层意思,一是指会计工作,二是指会计工作人员。会计是以《中华人民共和国会计法》(简称《会计法》)、《中华人民共和国预算法》、《中华人民共和国统计法》等各种税收法规为法律依据来核对记账凭证、财务账簿、财务报表,从事经济核算和监督的过程。

财务泛指财务活动和财务关系。前者指企业在生产过程中涉及资金的活动,表明财务的形式特征;后者指在财务活动中企业和各方面的经济关系,揭示财务的内容本质。概括来讲,企业财务就是企业在生产过程中的资金运动,体现企业和各方面的经济关系。

从企业层面讲,税务即各类涉税业务与行为,包括税务申报、税费缴纳、税务筹划、税务合规与税务风险监控等。

小微企业成立后,一些财税方面的工作安排刻不容缓,尤其是以下重点工作,需要充分重视。

1. 税务登记

公司注册完成后,需要在取得营业执照后30天内向注册地所在的税务机关申报办理税务登记。

如今,已经实现了"三证合一"(工商营业执照、组织机构代码证、税务登记证合为一证)、"五证合一"(在"三证合一"的基础上,整合了社会保险登记证和统计登记证),税务登记资料会直接从工商部门传递给税务部门。登记后获得的"新设立纳税人申报须知"记载了纳税人电子税务局的账号和密码等重要涉税信息,需要妥善保管。

2. 签订银税三方协议

完成税务登记后，应尽早办理三方协议（即纳税人、税务机关、开户银行三方签订的实现网上申报实时缴税的委托银行代缴税款协议），网上申报成功并签订三方协议后，即可在网上进行纳税申报和缴税，无须前往办税服务大厅。

3. 财务会计制度及核算软件备案

税务登记证领取后15日内，完成财务会计制度及核算软件备案。

4. 书面报告银行基本存款账户及其他账户

在公司注册并申办银行基本存款账户及其他账户后15日内，务必向主管税务机关书面报告所有账户。如有任何变更，还需在变更后15日内进行书面报告。

5. 设置账簿

建立账簿是会计核算工作的基本方法和重要环节之一，是企业查账、对账、结账以及随时了解财务状况和经营成果的关键要素。

新企业必须遵照《中华人民共和国会计法》以及相应的国家会计制度规定依法设置会计账簿，从事生产、经营的纳税人应当自领取营业执照或者发生纳税义务之日起15日内，按照国家有关规定设置账簿。账簿类型主要有：

（1）总账：用于分类登记企业全部经济业务。

（2）明细账：用于登记某一类经济业务，较为细致。

（3）日记账：包括银行日记账和现金日记账。

（4）备查账：辅助账簿，企业可根据需要选择性设立，没有强制规定。

新企业要根据行业要求和未来可能发生的会计业务情况，选取符合需要的账簿，再根据日常业务进行会计登记和处理，操作要点为：

（1）根据企业性质，选择适用的会计准则。

（2）依据企业的业务量及账务处理程序，准备账簿。

（3）根据行业和企业自身管理需要，合理选择会计科目。

（4）财务软件系统信息初始化，建立账套。

小微企业初创期一般规模不大，有些甚至请不起专业会计人员，便会请代账公司来做账。如果找代账公司做账，则每个月都要提供下列资料：收入相关单据、成本相关单据、银行单据、费用单据、员工工资表。代账公司做好账后会提供会计凭证和账本。

6. 纳税申报

纳税申报是纳税人按照税法规定的期限和内容向税务机关提交有关纳税申报事项书面报告的法律行为，是纳税人履行纳税义务、承担法律责任的主要依据，也是税务机关税收管理信息的主要来源和进行税务管理的一项重要制度。

很多小微企业老板误认为企业刚成立，没有业务就不需要纳税申报。按照相关规定，无论新企业有无业务，都需在规定的时间内纳税申报。实际上，无论是新注册的企业，还是变更后的企业，只要办理了税务登记证，都必须按月申报纳税。短期内没有收入、没有盈利可以做零申报。需要强调的是，零申报并不是不申报，零申报也需要每月申报，可由企业的全职或兼职税务专员进行申报。

通常，新成立的企业在取得税务登记证之日起30日内要到管辖地税务所专管员处申请税种核定，如半年之内仍未申请核定或已申请核定但未购买发票的企业，税务部门有权将其列入非正常户，并给予行政处罚。

企业同专管员核定税种成功后，从第二个月上旬起就要进行网上报税。

企业注册后，如果不按时纳税申报，税务机关将根据情节轻重对逾期申报行为作出处罚，在有应纳税额的情况下，还将每日按照滞纳税款的万分之五征收滞纳金。

7.领购发票

首次领购发票，要先经过票种核定，可以网上申请，也可以窗口办理。

申请票种核定之前，要添加购票员。如果该购票员曾在其他公司被添加为购票员，可能会添加不成功，要更换人员。

票种核定成功之后，到税务局购买税控设备并进行发行就可以领购发票了。

财务能为企业做什么

财务能为企业做什么？

这是一个需要企业财务人员、管理人员和决策人员认真回答的问题，尤其是对财务应有地位缺乏充分认识的小微企业负责人，在他们看来，财务是纯粹的辅助性部门，虽然有一定的技术含量，但是无法为企业创造价值，只能为企业市场部门、经营部门提供支撑性服务。

事实上，财务对企业的重要性是不言而喻的。企业的资金流向哪里，财务管理的触角就会延伸到哪里。企业的技术部、采购部、生产部、人事部、销售部、后勤部等一切同钱发生关联的部门，都会同财务管理发生关联。因此，财务不仅仅是财务部的财务，更是整个企业的财务。

财务对企业最大的价值体现在核算和监督的各个环节，千万不要认为财务是一项技术含量低、工作琐碎的"二等工作"，财务工作做好了，可以发挥非常大的作用。

财务人员的工作也绝不局限于财务部，而是要同企业各个层面、各个部门实现深度的沟通与合作。通常，财务人员在实际工作中可以分为几类，比如出纳人员、会计（往来、成本、报表和税务）人员。

出纳人员，不仅要负责现金的收支，还要负责管理企业的资金状况，实时了解资金余缺情况，以便为企业运营、融资、投资活动提供决策依据。

往来会计人员，要负责账务的记录，并及时将数据提供给销售部，以便销售人员及时催收货款，减少应收账款，消化库存。

成本会计人员，要负责料工费的核算，并提高数据的准确性，确保企业制定合理的销售价格，实现产销平衡。

报表会计人员，不仅要负责生成报表，还要确保报表的合理、平衡、准确，以便为企业决策者提供相关经营分析指标，达到辅助企业决策的目的。

税务会计人员，不仅要每月按时进行纳税申报，还要学习最新的财税知识，为企业找到最新的政策依据，做好税务筹划，为企业节税降税，同时规避涉税风险。

财务能为企业做什么？简单来说有三大方向。

第一，为企业省钱。财务部门通过制定规范的财务管理流程、合理的财务管理制度，杜绝浪费，帮企业省钱。同时，还可通过合理的税务筹划，帮企业节税，降低税务支出。省钱也就是赚钱。

第二，为企业赚钱。财务部门可在风险可控的框架内利用企业闲置资金进行理财、投资以获得利润。此外，还可利用税收政策、补贴政策帮企业拿到政府的返税、补贴奖励，用另一种方式为企业赚钱。

第三，为企业规避风险。通过财务审批等事前控制措施可以有效防范企业财务风险，通过管控现金流可以有效防范企业资金风险，通过提前进行税务筹划可以防范涉税风险。另外，通过分析财务报表中的各项指标，能够发现企业在经营中存在的潜在风险，以及需要改进之处，从而为企业决策者提供预警报告，使其能够提前识别并规避风险。

财务管理既包括对"赚钱""盈利"含义的清楚界定，也包括对资金投向、资金使用效率、资金所面临的风险等关键问题的判断与把握，要求做到妥善、高效，才能跟上现代企业快节奏的前进步伐。

企业财务管理方式不断更新与发展变化是一家企业能够生存与发展的必要条件。企业的财务部门在企业的经营与管理中扮演着举足轻重的角色，具有不可替代的地位。财务部门要和钱、资本、价值等核心要素打交道，它们是企业的立业之本，更是发展之基。它们充满诱惑、充满风险，自然也充满挑战。如果将企业比喻为舟，那么财务管理就相当于水，"水能载舟，亦能覆舟"。

值得注意的是，当今企业财务部门的工作已经不再是传统意义上的管账，而是贯穿于企业的成长、成熟乃至衰退等各个阶段，影响到企业产品的开发、生产、经营、销售以及人事任免等方方面面的工作。可以毫不夸张地说，如今的财务部门已经是企业发展的一个重要支点，在企业发展中起着牵一发而动全身的作用。

总之，财务对企业的作用很多，主要作用是间接为企业创造利润。例如，管理资金以保证企业持续经营，核算经济业务以明确经营成果，筹划税务以降低税收成本和控制税务风险，进行预算管理和控制以把握企业发展趋势，为保障股东的最大利益监督高管及平行部门的行为，以及管控日常费用为企业降低运营成本等。

财务对企业的作用，主要表现在以下四个方面：

第一，为企业筹措资金。

任何企业正常生产经营活动的展开以及扩大再生产，都离不开资金支持，企业财务部门的一个重要工作目标就是满足企业在这些方面的资金需求。企业筹措资金的渠道多种多样，筹措资金的时间和成本也各不相同，附加条款也有很大差异。这就要求财务部门充分发挥自身的专业优势，根据企业所需资金的类别，综合考虑各种资金筹措方式的优劣以及财务风险，选择最优的筹资方案。

第二，进行投资管理。

筹措来的资金应尽快投入生产经营，这样既可取得投资收益，又可避免资金闲置。当然，任何投资都不可能稳赚不赔，都潜藏着一些风险性因素。因此，财务部门在进行投资决策时，务必认真考虑影响投资决策的各种因素，科学地进行可行性研究，以便在投资风险和收益之间做好权衡，提高企业投资的安全度。

第三，做好营运资金管理。

企业的营运资金，是为满足企业日常营业活动的需求而预支的资金。通常，企业营运资金的周转是和企业的生产经营周期一致的。在一定的时期内，企业营运资金周转越快，说明企业资金利用的效率越高，企业就能够生产出更多的产品、提供更多的服务，进而获得更高的收入和利润。所以，财务部门要尽力提高企业营运资金的周转效率。同时，还应保证营运资金的充足与筹资渠道的畅通，避免资金断流。

第四，妥善管理企业利润。

企业在生产经营过程中所获得的收入减去成本和费用，剩下的就是利润总额。追求利润最大化是每一家企业的目标，财务部门要去努力挖掘企业的潜力，使企业更加合理地使用人力和物力资源，降低成本，减少费用，砍掉不必要的消耗，增加企业盈利，提高企业价值。另外，对于企业实现的利润，财务部门要进行合理的分配，使投资者得到回报，使企业获得不竭的发展动力，同时及时处理在这一过程中出现的各种矛盾和利益纠纷。

小微企业的财税思维

据有关统计数据，在当下的中国，企业面临的风险有80%是财税风险，有60%以上的企业存在中度以上的财税风险，有90%以上的小企业存在不同程度的财税风险。

例如，在2021年的税务稽查中，仅"虚开发票"这一项，被查处的企业就多达44万家，其中以小微企业为重灾区。那么，小微企业该如何防范财税风险呢？重在树立正确的财税思维、财税观念。

相较于大中型企业，小微企业更应该具备财税思维，从公司成立之日起就要做好财税规划和财税管控。原因很简单，大中型企业已经发展得相对成熟，拥有完善的财务部门、财税团队和财税管理机制，而小微企业老板大多是财税领域的门外汉。据观察，在我接触的企业老板中，很少有财务背景的，因为从事财务工作越久，人的性格会变得越来越保守、谨慎、死板，不懂得变通、创新和冒险，这完全不是企业老板所需要具备的特质。因此，财税也就成了很多小微企业早期管控中的一个重大缺口，而且还有一些小微企业由于条件所限而将早期的记账报税工作外包给第三方财务服务机构，弱化了对财税的管控。

财税不仅是企业运营的命脉，也是企业长盛不衰的根基。

从公司规划注册开始，到购买资产、发工资缴社保、收钱付钱开发票，财税伴随着企业运营的各个环节，而"票""账""税"正是财税工作中最容易出问题的三大典型陷阱，早期日积月累的财税小漏洞往往会演变成日后企业运营中的"大坑"。

所以，小微企业或初创企业，为了避免"入坑"，尤其要增加自身的财税知识，具备财税思维。财税思维是做好财务管理的基础，也是财务管理的核心思维。

1. 什么是财税思维

财税思维是相对于业务思维而言的，业务人员（或业务主导型老板）关注的焦点是提高产品质量、降低次品率、开发新客户、提高产品销量、提高市场占有率等，而财税思维更关注收入、回款、呆坏账、利润、现金流、资产、负债等。

业务讲究过程，而财税讲究结果。企业业务上的变量，最后都会在财税的变量上体现出来，诸如收入的上升、利润的增长、现金流的充裕、资产质量的提高、负债的控制等，财税思维最大的特征是强调结果，因此可以称之为结果导向型的思维。

2. 财税思维是一种数据思维

规范的企业管理要做到数字化，数字化管理企业的前提是什么？是财税管理的强大。财税管理通过数据来掌控企业的营销、采购、生产、人力资源、战略等环节，凡是跟钱打交道的部门和业务，都摆脱不了财税的影响，也都可以借助财税进行数据化管理。

3. 用财税手段去管控企业全局

企业决策者不仅要懂战略和规划、销售与市场，更要懂得利用财税手段去管控企业全局，财税管控要覆盖企业各个层面，具体到企业各个人员和部门，需做到以下几点。

第一，股东要知道如何平衡企业的利润与风险，如何让管理层对利润负责，如何监督公司。

第二，老板要知道如何通过财务抓全局，如何做公司财务战略设计，如何做股权激励规划。

第三，职业经理人要知道如何提高资金周转效率，如何设定高管考核指标，如何提高股东的投资回报率。

第四，财务部要知道如何协调各部门完成企业目标任务，如何设定、评价各部门考核指标。

第五，人力资源部要知道如何设计保底销售额、保底工资，如何发放年终奖，如何提高人均单产。

第六，行政部要知道如何降低企业日常维护费用，如何做福利采购、发放，如何保证财产安全。

第七，销售部要知道如何设计销售政策，如何管理应收账款，如何降低销售费用，如何提高回款率。

第八，采购部要知道如何持续降低采购价格，如何做采购税务筹划，如何做库存预警。

第九，生产部要知道如何做到最优化的工艺排位规划，如何降低损耗，如何减少库存，如何提高生产效率。

第十，研发部要知道如何做项目，如何为产品立项，如何给产品定价，如何管理研发费用。

4.树立正确的财税观念

小微企业在发展初期要树立正确的财税观念，这样既能够降低企业的财税风险，确保企业健康发展，也有助于企业作出理性的经济决策，为企业持续发展打下坚实的基础。

第一，打造"重视公司财务"的企业文化。

财务部作为企业的后台部门，常常不被重视，因为企业大部分精力都放在开拓业务上。财务部除了完成日常财务管理工作外，还会提供财务分析报告及财务管理报告，为业务决策和布局提供翔实的数据支撑。

第二，建立科学合理的财税制度。

小企业也需要建立科学合理的财税制度，比如费用报销制度、资金管理制度、应收账款管理制度、税务申报制度、供应商管理制度等。在建立制度的过程中，一定要结合企业的实际情况做到适时更新，切忌直接照抄其他企业的制度。

第三，依法纳税、合规节税。

某些小微企业为了降低税负，往往会采用简单粗暴的方式去偷税漏税，给企业发展埋下了一颗"地雷"。作为企业老板或财务人员，要充分了解企业的主要涉税事项和国家的相关税收优惠政策，做到依法纳税、合规节税。

第四，聘用合格的财务人员。

财务人员具备专业的财税知识，除了能胜任企业的财务工作外，还能及时地对企业的主要财税风险等进行预警。如果企业规模过小，为了降低人员成本，也可以将财务工作外包给专业的第三方财务服务机构。

第一章 财税管理基础：小微企业的财税思维

新时代下的财税形势

企业经营成本的高低，不仅取决于日常的经营管理，更取决于财务管理和税务筹划，通过合理的财税安排，能够大幅降低企业的经营成本，提高经营成效。

对于小微企业经营人员和财务人员而言，不仅要熟知基本的财税知识，还应该与时俱进，及时了解国家推出的财税新政。比如，随着国际国内政治经济形势的不断演变，企业所处的交易环境以及交易方式都在发生改变，国家的财政、税务和会计政策也在不断调整，国家税收征管措施和规则也在不断推陈出新。

企业的相应工作务必也要及时作出调整，以顺应新的财税政策，管好企业的"钱袋子"，才能更好地降低企业的运营成本，减少税务支出，切实享受到国家财税新政带给企业的普惠性福利。

同时，社保入税、金税四期、CRS（共同申报准则）、大数据共享等财税政策的调整与新技术手段的运用，也大大增加了不合规企业的财税风险。为了化解该类风险，企业不得不推进财税管理的合理化、合法化变革，其中尽管有阵痛，但有助于企业的长治久安。

近来，需要企业老板密切了解和关注的财税环境或财税新政主要有以下几点。

1. 税务监管越来越严

金税四期已于2021年8月1日正式上线，截至2023年底，试点区域为广东、山东、河南、山西、内蒙古、重庆，2024年正在全面推行。金税四期一旦全面推行，企业的所有业务、资金都会摆在明面上，个人的资金收入与支出也会摆在明面上，以前的买票、虚开发票将彻底行不通。

在这种背景下，任何财税违规的想法都要就此打住，不然将会面临税务稽查和税务处罚。

2. 老板个人财富越来越透明

金税工程已实现全国联网，老板的财富也变得越来越透明。自2019年5月1日起，我国正式全面实施银税联网，银行和税务局会进行信息共享，税务局会将企业上报的报表信息同老板在银行的资金金额、资金流动等信息进行核查比对。比如：有些企业当年盈利300万元，为了少缴25%的企业所得税，只报给税务局100万元的收入，剩下的200万元划入老板的个人账户，隐瞒不报。别以为这种操作神不知鬼不觉，税务局通过企业上报的数据与老板在银行的资金状况进行核对，很容易就能发现其中的差距和问题所在。

3. 社保入税

社保入税即社会保险费由税务部门统一征管，社会保险费从登记、申报、审核、征收、追欠到记账等全部工作都由税务部门负责。

根据国务院关于社会保险费征收体制改革部署，自2020年11月1日起，北京、天津、山西、吉林、上海、江西、山东、湖南、广东、四川、贵州、西藏、新疆、青岛、深圳的企业职工各项社会保险费交由税务部门统一征收。这意味着社保入税事宜终于落地，社会保险费交由税务部门统一征收后，其征管能力和征管效率必然有大幅度提升。

过去，在一些私营企业尤其是小型企业中，不给员工缴社保或少缴社保几乎是惯例。

社保入税后，那些按照员工收入和政策规定如实足额为员工缴纳社保的企业不会受到影响；而那些少缴社保（长期按最低标准缴纳社保）或压根不给员工缴纳社保的企业，则要补缴费用或开始缴纳社保。

4.税收政策对小微企业更加友好

我国企业涉及的两大税种是增值税、企业所得税，占企业总税负的75%左右。而我国对小微企业在这两种税以及"六税两费"的减免上都有很大的优惠力度（见表1-3）。

表 1-3　小微企业税收优惠政策一览

税种	优惠项目	优惠内容	优惠期限
增值税	小规模纳税人适用3%的征收率减按1%	增值税小规模纳税人适用3%征收率的应税销售收入，减按1%征收率征收增值税；适用3%预征率的预缴增值税项目，减按1%预征率预缴增值税	2023年1月1日至2027年12月31日
	对月销售额10万元以下（含本数）的增值税小规模纳税人，免征增值税	（1）销售额不包括不动产销售额；（2）一次性收取的租金收入可以分摊，分摊后的月租金收入未超过10万元的，免征增值税；（3）可以选择放弃享受免税政策并开具增值税专用发票	2023年1月1日至2027年12月31日
	小额贷款利息收入免征增值税	对金融机构向小型企业、微型企业及个体工商户发放小额贷款取得的利息收入，免征增值税	2023年12月31日至2027年12月31日
	担保费收入和再担保费收入免征增值税	纳税人为农户、小型企业、微型企业及个体工商户借款、发行债券提供融资担保取得的担保费收入，以及为上述融资担保提供再担保取得的再担保费收入，免征增值税	2018年1月1日至2027年12月31日
企业所得税	小微企业按20%的税率缴纳企业所得税	对小微企业年应纳税所得额不超过100万元的部分，减按25%计入应纳税所得额，按20%的税率缴纳企业所得税	2023年1月1日至2024年12月31日
"六税两费"	"六税两费"减征50%	对增值税小规模纳税人、小型微利企业和个体工商户减半征收资源税（不含水资源税）、城市维护建设税、房产税、城镇土地使用税、印花税（不含证券交易印花税）、耕地占用税和教育费附加、地方教育附加	2023年1月1日至2027年12月31日
	与金融机构签订的借款合同免征印花税	对金融机构与小型企业、微型企业签订的借款合同免征印花税	2014年11月1日至2027年12月31日

5.完全认缴制改为限期认缴制

2023年新修订的《中华人民共和国公司法》[①]（简称"新《公司法》"）对公司出资方式作出了重大调整，由完全认缴制改为限期认缴制（见表1-4）。

表1-4 新旧《公司法》出资条款对比

对比项	旧《公司法》（2018年修正）	新《公司法》（2023年修订）	2023年修订要点
出资方式	第二十六条 有限责任公司的注册资本为在公司登记机关登记的全体股东认缴的出资额。法律、行政法规以及国务院决定对有限责任公司注册资本实缴、注册资本最低限额另有规定的，从其规定	第四十七条 有限责任公司的注册资本为在公司登记机关登记的全体股东认缴的出资额。全体股东认缴的出资额由股东按照公司章程的规定自公司成立之日起五年内缴足。法律、行政法规以及国务院决定对有限责任公司注册资本实缴、注册资本最低限额、股东出资期限另有规定的，从其规定	增加了全体股东认缴的出资额"自公司成立之日起五年内缴足"的规定

新《公司法》第二百六十六条还规定："本法施行前已登记设立的公司，出资期限超过本法规定的期限的，除法律、行政法规或者国务院另有规定外，应当逐步调整至本法规定的期限以内；对于出资期限、出资额明显异常的，公司登记机关可以依法要求其及时调整。具体实施办法由国务院规定。"

该条规定关注点为：完全认缴制改为限期认缴制，适用范围不仅包括新成立的公司，也包括存量公司。新《公司法》施行前已经设立的公司，股东认缴出资期限将逐步调整为不超过五年，对于过去有些公司股东认缴出资期限为数十年甚至为长期的，公司登记机关将要求其及时调整。

[①] 由第十四届全国人民代表大会常务委员会第七次会议于2023年12月29日修订通过，自2024年7月1日起施行。

财务内控制度：财税管理的新型武器

一旦内控制度缺失，企业将会面临财税风险倍增的危机，即使小微企业也不例外。小微企业建立财务内控机制，一方面要基于相应的法律法规，另一方面也要结合企业实际情况。建立高效、简洁的内控机制，对财务工作进行全面监管，可以准确把握内控薄弱环节，加强财务监管，防患于未然。

小微企业如何定位财务部门

不同行业、不同性质、不同规模和不同发展阶段的企业，对财务部门的定位各不相同，通常越不规范、规模越小的企业，对财务部门的定位越模糊。

有些企业把财务部门定位为支持服务部门，有些将其定位为监督、决策部门。不同的定位使得财务部门在整个企业运作链条中的地位各不相同。有些企业的有些部门会把财务部门当成后勤服务部门和管家，什么琐碎的事情都让财务部门去做，有些企业的有些部门则把财务部门当成企业的监控设备。

财务部门作为企业的"神经中枢"，其触角能到达企业的每一个角落，能够实现对企业经营信息的全面掌控。如何才能让财务部门发挥其应有的作用和职能，关键在于对财务部门的认知和定位，小微企业的财务部门在定位上同成熟的大中型企业有所不同。

1. 财务部门的阶段性定位

在企业发展的不同阶段，财务部门的定位是不同的。

第一，起步期——记账。

企业成长初期人员较少，业务也比较简单，企业营运及资金规模都比较小，此时财务部门的主要功能是出纳、记账、报税、简单核算，基本上是发挥后台服务功能。

第二，发展期——控制。

随着企业人员的不断增加和业务的不断拓展，企业进入更大的市场，开发了更多的产品线，所涉及的货物流、资金流也随之增大。这增加了财务部门的工作量，同时也增加了财务风险。在企业高速发展的阶段，财务部门必须要发挥好控制职能，建立一套科学的财务管控体系，让企业发展稳固在一个相对可控的财务轨道上，避免失控。

第三，壮大期——保障。

随着企业规模和实力的不断壮大，企业在业内已经占据一席之地，具有举足轻重的地位。同时，企业面临的内部管理环境和外部市场竞争环境也变得越来越复杂。这一时期，财务部门需要广泛参与企业经营的各个环节、各个领域，需要从资金、库存、账务等方面加强管控来保障企业运营安全，并运用多种财务分析和控制手段对一些未知的风险进行预判和防范。

第四，成熟期——资本运作。

企业发展进入成熟期后，就需要寻找新的市场机会和投资机会，通过资本手段进行业务扩张和跨领域整合。该时期，财务部门要充分发挥投资、并购、尽职调查和上市筹划等资本运作职能，让企业资本得到充分利用，避免不必要的资金闲置和税务支出。

财务部门的职能在上述阶段可能会交叉融合、相互重合，企业也可能出现跨越式发展，当然，更多的企业可能会停留在某个阶段止步不前。对财务部门的定位要充分考虑企业的独特因素，妥善进行差异化定位。

2. 记账型财务到价值型财务的转型

绝大多数小微企业的财务部门都是记账型，业务部门将单据送至财务部门，财务部门按部就班地根据会计准则进行记账、算账、报账，按照税收政策进行纳税申报，这种财务运作模式并无不可，但最多算是一种维持型财务。因为，"不管你记还是不记，企业的资产就那么多；不管你算还是不算，企业的利润就那么多；不管你报还是不报，企业的现金就那么多"，而无法给企业创造价值。

若财务部门的职能只停留在财务部办公室内，负责基本的记账、报税、发工资等工作，很难走出去，同其他部门实现完美的配合，也就谈不上业财融合，财务部门只是企业中的一座孤岛，发挥不了其"神经中枢"的作用，充其量只是"小财务"。

真正意义上的财务部门应当定位为整个企业的财务支持系统，财务人员除了完成上述基础工作之外，还要主动走出财务部门，深入企业的各个部门，充分收集数据、分析数据，从财务管理的视角作出判断，为企业运营提供合理化建议和决策支持，成为真正意义上的"大财务"。

大财务是价值型财务，不仅能够从事记账、报税等基础工作，还能进一步发挥会计的管理功能，主动为企业创造价值，例如：

· 为业务部门的决策提供支持，积极参与业务。

· 通过标杆管理，帮助企业取长补短。

· 从业务部门的角度结合企业整体目标设计，规划企业的组织结构、业务流程，在控制和效率之间取得平衡。

· 通过财务数据分析，发现企业制度、流程和管理中的问题，指导业务部门如何做得更好。

· 通过对竞争对手财务数据的分析，掌握竞争对手的动态，参与到企业的规划中。

· 通过数据管理，在各个部门偏离企业整体目标时将其拉回正确的轨道上。

· 通过财务数据分析，为企业提供决策依据。

· 通过税务筹划，为企业节税降税，以另一种方式为企业赚钱。

小企业资源有限，人手通常很紧缺，更应当让财务部门成为全能部门，成为价值型财务部门，让财务人员成为多面手，以实现人力资源效能的最大化。

3. 财务岗位设置的原则

设置财务岗位时，有几个原则需要注意。

第一，成本效益原则。

成本效益是小微企业最关注的数据之一，财务岗位的设置也应从成本效益的角度出发，根据企业发展阶段和需求进行合理定位，既不能滞后，也不宜超前。滞后会影响企业管理，超前则会增加企业运营成本。

财务岗位的健全、财务分工职责的明确不是一蹴而就的，而是随着企业的成长与发展不断演进的。初成立的企业尤其是小微企业，由于规模较小，甚至不招聘会计人员，财务工作交给代理记账公司处理。随着规模扩张，企业通常会招聘一名专职会计人员，兼任诸多财务工作，甚至兼任人事、行政、库管等非财务工作。等到企业初具规模后，企业会成立财务部门，设置会计、出纳岗位，财务人员开始有明确的分工。

第二，岗位不相容原则。

这是企业内控的基本要求，即不相容岗位职责不能由同一个人担任。如管钱的出纳和管账的会计要分开，这两个岗位不分开，一旦作假就很难被发现。不相容岗位不分离，会导致有问题不易被发现。

第三，独立性原则。

当企业成长到一定规模时，财务和业务要相对独立，财务需要起到对业务的监督作用，财务人员要确保会计数据真实可靠。

上述原则的侧重点与企业发展阶段息息相关。初创的企业首要目标是生存，更加侧重成本效益原则；发展中的企业开始对企业内控提出要求，要求各岗位各司其职、职责分离、相互制约，这时更加侧重岗位不相容原则；当企业成长到一定规模时，财务工作就不仅仅是账务处理，还涉及业务监控，这时独立性原则就很重要了。

基于胜任力选聘财务人员

企业对财务人员最基本的要求，是能够胜任本职工作。对小企业来说，在很多情况下，招聘到能够胜任本职工作的员工就是一种成功。相对大企业，小企业对财务人员的吸引力要大打折扣。

在资源、竞争力有限的前提下，招到适合小微企业的财务人员需要下一番功夫，建议从胜任力的角度去选聘合适的财务人员。

管理学上，界定员工是否胜任工作有一个专有名词——胜任力。1973年，哈佛大学教授戴维·麦克利兰首次提出了这个概念。胜任力，简单而言是指能将同一工作中表现卓越者和表现一般者区分开来的个人内在特征，可以是价值观、动机、态度、品质、专业知识和技能等可以被测量的个体表现。

也有专家从职业、行为、综合三个维度定义胜任力。

（1）职业维度，是指那些用于处理具体、日常工作的技能。

（2）行为维度，是指用来处理非具体的、随机的任务的技能。

（3）综合维度，通常指结合具体情境而定的一种管理技能。

胜任力是一种能力，是决定员工工作成效的一种持久特质。一般而言，那些工作出众的财务人员都具有极强的判断力、及时发现问题的能力以及快速行动的能力。

胜任力是一个具有针对性、动态性的能力概念，不同岗位、不同职业的胜任力有所区别，主要表现在以下三个方面。

第一，在不同组织和不同行业的相同或类似的工作岗位上，员工的胜任力特征是不尽相同的。

第二，在一个组织中，不同的工作岗位要求员工具备的胜任力是不同的。

第三，在一个部门中，即使是相同的工作岗位，所要求员工具备的胜任力也是不同的。比如在财务部，同样身处会计岗位的员工的具体工作可能是成本会计、核算会计，也可能是出纳，他们要具备的胜任力当然是不同的。

因此，企业老板及管理人员应该本着"人员—岗位—部门—组织"四者之间相互匹配的原则，从整个组织的愿景、使命、目标和战略发展要求出发，对财务人员进行全面的胜任力考量。

1993年美国心理学家斯班瑟提出，素质特征在个体特质中扮演着深层且持久的角色，而且能预测一个人在复杂的工作情境中及担重任时的行为表现。此后，合益集团提出了与职位相对应的胜任素质模型，也就是著名的"冰山模型"。该模型中，员工胜任素质的构成要素如表2-1所示。

表2-1　员工胜任素质的构成要素

构成要素	详细描述
知识	指个体在某一特定领域拥有的事实型与经验型信息
技能	指个体能够有效运用知识完成某项具体工作的能力
自我认知	指个体感知自身状态的能力，包括对自己的长处和短处、思维模式、解决问题的风格、与人交往的特点以及对自我角色合理定位等的认识
价值观	指个体对事情是非、重要性、必要性等的价值取向，如合作精神、献身精神等
品质	指个体表现的一贯反应，如性格内向或外向、不同的气质类型、兴趣等
动机	指推动个体为实现某种目标而采取一系列行动的内驱力，如成就动机强烈的人会持续不断地为自己设定目标并努力实现

该模型之所以被称为"冰山模型"，是因为个人能力就好像冰山：表面的"冰山以上部分"象征着专业知识、技能等表层特征，是对一名员工的胜任力的最基本要求，而且容易被培养、感知和判断，也正因为如此，并不能用这些特征来判断或决定一名员工在工作中是否有突出的表现；而深藏的"冰山以下部分"则是自我认知、价值观、品质和动机等深层次胜任素质，

它们与高绩效密切相关。

可见,"冰山以下部分"的素质是万万不可忽略的。就像两个刚走出大学校门的毕业生,他们的起点基本一样,但两三年之后,他们之间的差距可能会拉得很大,可能一个人已经平步青云,而另一个人还在原地踏步。导致这种巨大差距的根本因素,就是那些隐藏在冰山下的部分,也就是一个人的自我认知、价值观、品质和动机等深层次胜任素质。

因此,评判一个财务人员能否创造卓越的业绩,能否不断取得进步,关键要看他们身上是否具备这些胜任素质。

1. 冰山以上的部分:财务人员应具备的知识和技能

"冰山模型"冰山以上部分的胜任素质主要包括胜任岗位所必备的知识和技能,财务是专业性非常强的一项工作,对专业和技能有着非常高的要求。

第一,财务人员应具备基本的专业知识。

财务人员应具备会计、财务管理等专业背景,掌握会计学、审计学、财务管理学及管理、经济、法律和会计等多方面的知识。

财务人员的财务知识体系分为通用知识体系和专业知识体系,通用知识体系主要指管理学、沟通学、计算机应用等方面的知识,专业知识体系主要指会计学、审计学、财务管理学等方面的知识。

具备基本的专业知识,是财务人员胜任工作的基础。

第二,财务人员应具备基本的工作技能。

财务人员必备的工作技能包括:

(1)会计核算能力。财务人员需要掌握扎实的会计知识,对企业的经济业务进行会计核算。核算是会计两大职能之一,核算工作一方面要严格按照会计准则和会计制度的要求,另一方面还要结合企业的行业特点及管理需求等要素。核算工作要做到及时、准确、全面。

(2)财务管控能力。监督是会计的另一职能,财务人员要熟悉企业流程、制度,掌握企业内控关键点和风险点,堵住漏洞,做好风险防控,协助提升企业的财务管控能力。更高级别的财务管控能力还体现在流程管理、资金管理、预算控制、资本运作、税务筹划、业绩评价等方面。

（3）财务分析能力。胜任素质强的财务人员通过财务分析，可以识别企业的各项经济指标，找出实际数据与预算、市场的差距，提出合理化改善建议，为老板做好决策参谋。

（4）学习能力。财务人员应具备良好的学习能力，从知识的吸收到知识的应用，做到活学活用，不断提升，同时要对各种新出台的财税政策了然于胸，并能用来指导企业的财税工作。

（5）沟通能力。财务人员身处财务部的小团队和企业的大团队中，要具备良好的沟通能力。对内来说，财务人员要跟产供销、研发、储运等部门打交道；对外而言，财务人员要跟银行、工商、税务、财政、审计等单位协调。勤于沟通、善于沟通，便可以做到互通有无。

2. 冰山以下的部分：财务人员应具备的自我认知、价值观、品质和动机

"冰山模型"冰山以下部分的胜任素质包含自我认知、价值观、品质和动机等方面，这些素质是潜在的内意识，在短期内很难进行准确的测量和考核。提高财务人员的胜任素质是一项长期的系统工程，提升的途径也不仅仅是学习培训、继续教育等方面，更要关注其日常表现、心智修炼、思维模式及实践能力等方面。

第一，财务人员的自我认知。财务人员的基本职责是按照会计准则和会计制度对已经发生的交易和事项进行客观、真实的记录，以提供历史信息。

第二，财务人员的价值观和品质。财务人员的核心价值观是诚信、保密、专业、公正和责任。品质在职业方面的表现即职业道德，《会计人员职业道德规范》对会计人员职业道德的界定有三个方面：坚持诚信、守法奉公，坚持准则、守责敬业，坚持学习、守正创新。同时，财务人员还要具备忠诚守信、甘于奉献、脚踏实地、用心做事、耐得住寂寞、禁得起诱惑等品质。

第三，财务人员的动机。动机指在特定领域的自然而持续的想法和偏好，其引导和决定一个人的外在行动。财务人员的职业动机主要包括对数字和逻辑的热爱、追求精确和准确、深入了解企业运营、稳定和安全的职业前景、服务他人和企业的成就感等。

第二章 财务内控制度：财税管理的新型武器

做好财务人员的管控与考核

管控财务，关键在于管控财务部和财务人员，管控的重点如下。

1. 管控好财务经理

对财务部的管控，重点在于管控好财务经理。财务经理是高起点、高要求、高标准、高素质的职业经理人，也是企业价值创造的增长点所在，企业的"三驾马车"无论如何都应当有财务经理的一席之地。

老板管控好财务经理，就控制住了财务部，也就能管控好整个企业的财税工作。

老板要牢牢掌握对企业核心管理人员的人事权，对于财务经理要直接参与委任、考核，同时加强日常管控，避免被架空，尤其是当老板离场管理时，更要防止被经理人和财务经理联合架空。

随着企业的不断壮大，以及组织机构和企业制度、运作机制的不断完善，老板对财务经理的管控手段也要与时俱进，因时因势因人作出调整。

不同规模、不同发展阶段的企业，对财务经理的管控思路和管控模式也不尽相同，需要与时俱进。

第一，成长期企业如何管控财务经理？

初创企业对管理的要求比较低，而对老板的能力要求比较高。老板必须是一个多面手，要懂运营、懂市场、懂销售、懂谈判、懂财务、懂管理、懂用人，要团结所有员工，发挥好带头示范作用，冲锋陷阵，让企业生存下来，进入稳定期。

在财务经理的选用上，老板往往任人唯亲，以便于掌控，财务经理要听话，在合法合规的基础上，按老板的指示办事，属于"人治"阶段。

第二，发展期企业如何管控财务经理？

企业发展到一定阶段，就要逐渐摆脱"人治"向"法治"转型。此时的老板更像是在大后方运筹帷幄的将军，要做好指挥员的工作，调动包括财务经理在内的企业人员去冲锋陷阵。老板要学会"用制度管人，让流程管事"，从微观事务中解脱出来，退居"二线"，充分发挥鞭策、监督、检查、推动的作用，做一个真正意义上的管理者、领导者，发挥"使众人前行"的领导作用。

此时企业的财务部正处于业务扩张和组织变革的阶段，缺乏完善的规章制度和业务衔接流程，老板同财务经理在一些具体问题上可能会发生冲突或产生矛盾，老板可能听不懂财务经理的话，财务经理也可能认为老板不懂业务瞎指挥。

双方就是在这种矛盾中磨合，直到建立相应的财务制度和流程，逐渐理顺关系。老板要有耐心和包容心，给予财务经理足够的施展空间，同时也要确保其不失控，要在企业的战略规划和组织框架内实施财务变革。

第三，成熟期企业如何管控财务经理？

对于成熟期的企业，要强调文化制胜。此时老板是一个真正意义上的领袖，会更多地从战略、宏观的层面去影响企业，是整个企业的灵魂人物。老板的一言一行、一举一动，无不指导和约束着企业每一个人的思维和行为方式。这就是文化的力量，这就是领袖的魅力。

该阶段企业已经形成科学的财务管理体系和财务生态系统，具备完善的财务管理制度和工作流程，财务部和业务部以及其他相关部门都有成熟的沟通机制，财务部也具备出色的数据化管理能力。财务经理能够帮助老板有效地控制风险、降低成本、提高效率，能够为老板提供关键的决策信息支持，以对瞬息万变的市场作出快速、及时的反应。

老板对财务经理的管控，不仅有制度上的监管、文化上的熏陶，更有个人魅力发挥着潜移默化的影响。这是老板们所追求的理想状态。

2. 会计和出纳不可由同一人担任

出纳的工作是办理现金收付和银行结算业务，收集相关的发票和原始票据。而会计的工作是将这些发票、原始凭证汇总稽核，完成核算，计算出单位的盈亏，为企业节约开支和业务拓展出谋献策。

小微企业为节约人员成本，往往选择铤而走险，在登记挂名出纳和会计人员时，填写的是两个不同人的名字，而在实际操作时，却让同一个人身兼两职，这会给企业带来较大的财务风险。

如果会计、出纳由同一个人担任，会造成财务工作混乱，出现财务漏洞，容易引发监守自盗。因为两个岗位之间没有互相制约、互相监督，容易造成贪污腐败。这种情况违背了会计制度账款分离的原则，没有内部牵制制度，容易给公司的财务造成经济损失，出现收入不上账或者故意多报费用的情况，尤其是品行不端的财务人员，可能会作出私吞公款的行为。

根据《中华人民共和国会计法》第三十五条的规定，出纳人员不得兼任稽核、会计档案保管和收入、支出、费用、债权债务账目的登记工作。因此，会计和出纳工作必须分开，由不同的人担任，这是财务管理最基本的要求。

3. 做好财务人员的绩效考核

对财务人员的绩效考核是绩效管理的重要环节，要坚持定量考核和定性考核相结合的原则。

第一，定量考核为主。

对财务人员的考核要做到"能量化的尽量量化，不能量化的先转化，不能转化的尽量细化，不能细化的尽量流程化"（见表2-2）。

表2-2 定量考核的四个标准

标准	适用性	解读
能量化的尽量量化	财务部很多工作都可以直接量化	如现金流、利润率、差错率、会计目标综合完成率
不能量化的先转化	对于不能量化、比较模糊的工作可以进行转化	如销售收入政策、会计流程、内部人员满意度等，可通过目标转化的方式来实现量化，转化的工具就是数量、质量、成本、时间等元素
不能转化的尽量细化	针对某些工作繁杂琐碎的财务岗，无法确定其工作核心，不好量化，且量化了也不一定能做到全面、客观	如财务部主管、内勤等。针对这类岗位，可采取目标细化的方式：首先对相应职位工作进行盘点，找出该职位所承担的关键职责，然后运用合适的指标进行细化，经过细化的指标基本上能够涵盖其主要工作内容
不能细化的尽量流程化	针对工作内容比较单一的岗位，量化、细化都无法准确衡量其价值，如出纳从事的多是事务性工作，有任务就做，类似的还有专项会计如销售会计等	此类岗位可以采用流程化的方式，将其工作按流程分类，从中找出可以考核的指标。如销售会计岗位，可针对其具体工作范围，以及所配合的内外部客户，来设计详细的工作流程，可以从多个维度衡量每个流程，列出评价标准的相应等级。如果进行考核，就由主管按照这些标准征询所服务的客户意见并打分评估

举例来说，某公司对财务经理的定量考核指标如表2-3所示。

表2-3 财务经理KPI指标

项目	财务经理2023年度KPI指标	权重
1	公司收入预算完成率	15%
2	公司利润预算完成率	15%
3	应收账款降低额度（从300万元降至150万元）	15%
4	财务部绩效目标综合完成率	20%
5	财务部上年度差错率	10%
6	内部客户（其他部门）满意率	15%
7	财务部员工满意度提升率	10%

第二，定性考核为辅。

财务人员绩效考核，并非所有工作都可以量化，如果做"一刀切"的硬性量化，反而会出现僵化的现象，效果适得其反。对于不能量化的工作，由于没有量化指标，就要进行定性考核，也叫质化考核、职能考核、功能考核、效能考核。定性考核的主要内容包括：

其一，部门职能和岗位职责的履行情况。

其二，对任务的执行能力和执行力度。

其三，除完成指标任务以外的工作情况。

其四，团队协调配合、维护大局的情况。

其五，德、绩、勤、能的情况。

定性考核多以公开述职和民主评议的方式进行，在述职和评议中也可以利用表格进行打分。

总之，完善的财务人员绩效考核体系，须做到定量考核和定性考核相结合。

完善公司治理结构

公司治理结构或称法人治理结构、公司治理系统、公司治理机制，是对公司进行管理和控制的一种体系，是由所有者、董事会和高级执行人员即高级经理三者组成的一种组织结构。

现代企业区别于传统企业的根本点在于所有权和经营权的分离，或称所有与控制的分离，从而需要在所有者和经营者之间形成一种相互制衡的机制，用以对企业进行管理和控制。现代企业中的公司治理结构正是这样一种协调股东和其他利益相关者关系的机制，它涉及激励与约束等多方面的内容。简单地说，公司治理结构就是处理企业各种契约关系的一种制度。

财务管理作为一种管理体制，要根据公司治理的规则和程序来制定相应的管理制度。根据法人治理的责权划分来决定财权划分，根据公司治理的股权关系来设置相关的财务机构，根据公司治理的目标来确定财务管理的目标，根据法人治理的监控体制及内部控制定位来设置财务监督体制。

完善公司治理结构，需明确股东、董事会和经理人之间的权利、义务、责任和利益关系，使三者形成制衡关系，推动企业健康发展。

1.有限责任公司的组织治理机构

（1）股东会。

有限责任公司的股东会由全体股东组成，是公司的权力机构，有权对公司的重大事项作出决议。

（2）董事会。

有限责任公司一般应设立董事会，董事会作为公司的意思表示机构，对外代表公司,作为公司的经营决策和业务执行机构,可以在法律规定必须由股东会行使的职权外,决定公司的有关事项,并负责执行股东会的决议。公司的法定代表人由代表公司执行公司事务的董事或经理担任。有限责任公司董事会成员为3人以上。规模较小或者股东人数较少的有限责任公司可不设董事会,设1名董事,该董事可以兼任公司经理。董事应由股东会选举产生,有限责任公司职工人数300人以上的,其董事会成员中应当有公司职工代表,公司职工代表由公司职工民主选举产生。董事任期由公司章程规定,但每届任期不得超过3年,任期届满,可以连选连任。董事任期届满前,股东会不得无故解除其职务。有限责任公司董事会设董事长1人,董事长、副董事长的产生办法由公司章程规定。

(3)监事会。

监事会是公司经营活动的监督机构。有限责任公司设立监事会,其成员不得少于3人。监事会设主席1人,负责召集和主持监事会会议。监事会成员应包括股东代表和适当比例的公司职工代表,其中职工代表的比例不得低于1/3,具体比例由公司章程规定。股东代表由股东会选举产生,职工代表由公司职工民主选举产生。股东人数较少或者规模较小的有限责任公司,可以不设监事会,设1名监事,行使监事会的职权(经全体股东一致同意,也可以不设监事)。董事、高级管理人员不得兼任监事。监事的任期每届为3年,任期届满,可以连选连任。

(4)经理。

有限责任公司的经理负责公司的日常经营管理工作。经理由董事会聘任或解聘,对董事会负责,依据公司章程的规定或董事会的授权行使职权。

2.股份有限公司的组织治理机构

股份有限公司的组织治理机构同有限责任公司的组织治理机构基本相同,即设有股东会、董事会、监事会、经理,只是这些机构的职权有些不同。

(1)股东会。

股份有限公司的股东会是公司的权力机构,公司的一切重大事宜都必须由股东会作出决议。

股份有限公司的股东人数众多，除少数当选董事会或监事会的人员外，没有直接参与公司事务的机会，而有限责任公司的股东人数少且均有直接参与公司经营的机会，所以《公司法》明确规定股份有限公司必须设股东会，以此作为股东对公司重大事项表示意见的权力机关，一切有关公司的重大事项均由股东会作出决议。股东会应由全体股东组成。

股份有限公司股东会的职权与有限责任公司股东会的职权基本相同。唯一的差别是：有限责任公司的股东向股东以外的人转让出资时，须由股东会作出决议；而股份有限公司的股东可以依法自由转让出资，不需经股东会批准。

股东会的形式分为年会和临时会两种。年会（又称"普通股东会"）是指依照法律规定每年应当召开一次的全体股东会议；临时会（又称"特别股东会"）是指依据需要由董事、监事或拥有一定比例股份的股东临时召集的不定期的全体股东会议。《公司法》第一百一十三条规定，有下列情形之一的，应当在两个月内召开临时股东会会议：

- 董事人数不足本法规定人数或者公司章程所定人数的2/3时。
- 公司未弥补的亏损达股本总额的1/3时。
- 单独或者合计持有公司10%以上股份的股东请求时。
- 董事会认为必要时。
- 监事会提议召开时。
- 公司章程规定的其他情形。

股东会会议由董事会召集，董事长主持。

（2）董事会。

董事会是公司的常设机关和执行业务机关。董事会的组成人员由股东会选举产生，必须向股东会负责。董事会成员中可以有公司职工代表。依《公司法》，股份有限公司董事会设董事长1人，可以设副董事长。董事长和副董事长由董事会以全体董事的过半数选举产生。

规模较小或者股东人数较少的股份有限公司，可以不设董事会，设1名董事,行使《公司法》规定的董事会职权。该董事可兼任公司经理。

董事任期由公司章程规定,每届任期不得超过3年。

依《公司法》,董事会每年度至少召开两次会议,每次会议应当于会议召开10日前通知全体董事和监事。代表1/10以上表决权的股东、1/3以上董事或者监事会,可以提议召开临时董事会会议。董事长应当自接到提议后10日内,召集和主持董事会会议。

董事会召开临时会议,可以另定召集董事会的通知方式和通知时限。

董事会的职权主要包括：召集股东会会议,并向股东会报告工作；执行股东会的决议；决定公司的经营计划和投资方案；制订公司的利润分配方案和弥补亏损方案；制订公司增加或减少注册资本以及发行公司债券的方案；制订公司合并、分立、解散或者变更公司形式的方案；决定公司内部管理机构的设置；决定聘任或解聘公司经理及其报酬事项,并根据经理的提名决定聘任或者解聘公司副经理、财务负责人及其报酬事项；制定公司的基本管理制度；公司章程规定或者股东会授予的其他职权。

（3）监事会。

监事会是股份有限公司必设的监察机关。按照《公司法》规定,监事会成员不得少于3人,由股东代表和适当比例的公司职工代表组成。其中职工代表的比例不得低于1/3,具体比例由公司章程规定。监事的任期每届为3年,任期届满,可以连选连任。

监事会的职权主要包括：检查公司财务；对董事、高级管理人员执行职务的行为进行监督,对违反法律、行政法规、公司章程或者股东会决议的董事、高级管理人员提出解任的建议；当董事、高级管理人员的行为损害公司的利益时,要求董事、高级管理人员予以纠正；提议召开临时股东会会议；等等。

规模较小或者股东人数较少的股份有限公司可以不设监事会,设1名监事,行使《公司法》规定的监事会的职权。

（4）经理。

经理是股份有限公司对内负责日常经营管理、对外代表公司的代理人。

按照《公司法》规定，经理由董事会聘任或解聘。经董事会决定，董事会成员可以兼任经理，但监事不得兼任经理。

经理的职权主要包括：主持公司的生产经营管理工作，组织实施董事会决议及公司年度经营计划和投资方案；拟订公司内部管理机构设置方案及公司的基本管理制度；制定公司的具体规章；提请聘任或解聘公司副经理、财务负责人；聘任或解聘除应由董事会聘任或者解聘以外的管理人员；公司章程规定和董事会授予的其他职权；等等。

3. 小微企业完善治理结构的基本原则

小微企业在确保基本治理结构的前提下，要尽可能避免盲目的组织扩张。组织扩张必然带来人工成本、管理成本的上涨，同时也有可能造成内部沟通壁垒，降低运营效率。当然，小微企业不一定永远是小微企业，当企业面临快速扩张，也就是营业额有大幅度增长时，还是有必要进行组织扩张的。为了支撑企业营业额的增长，需要成立业务扩张必备的机构，包括业务相关的岗位、部门、分支机构等，需要扩充中后台支持机构，同时需要配置必要的人才。

小微企业组织机构的设置并非要一步到位，可根据业务拓展的情况逐步进行，根据业务拓展情况对资源配置的必需程度设置相应的机构，让新设置的机构能够及时发挥作用和价值，确保新设部门有一个良好的投入产出比，而不是人配置好了坐等工作任务。

4. 股东、董事会、经理人之间如何有效制衡

著名经济学家吴敬琏认为，公司治理结构是指由所有者（股东）、董事会和高级执行人员（经理人）三者组成的一种组织结构。完善公司治理结构，需明确股东、董事会和经理人之间的权利、义务、责任和利益关系，使三者形成制衡关系，推动企业健康发展。

以上三者的制衡关系是基于两个法律关系形成的：股东与董事会之间的信任托管关系，以及董事会与经理人之间的委托代理关系。

委托人和受托人的利益诉求有着明显差异。其中，股东、董事会（股东代表）的核心诉求基本是一致的，都是站在所有者的角度考量问题，他们追求的是公司资本的增值和利润的增加；而经理人更关注的是个人利益——个人社会地位、声望、收入的增长。经理人的利益诉求，对股东和董事会而言是一种成本支出，这是一种根本上的矛盾，如何化解？除了常规的制度安排和监督考核机制外，最有效的措施莫过于对经理人实行股权激励，通过股权分配机制的调整，使之同股东、董事会之间真正形成利益共同体。

打造财务内部控制系统

小微企业基本都是民营企业，多由一人或少数人控制，企业的经营权和决策权高度集中，主观随意性比较大，加之决策者对财务管控缺乏应有的认识和重视，致使财务管理职责不分、越权现象丛生，导致企业财务监管乏力、财务管理混乱、会计信息失真等。我们观察到的多数小微企业都缺乏完善的财务内控制度、稽核制度、定额管理制度、财务清查制度、成本核算制度、财务收支审批制度等基本的财务管理制度。

出于财务安全的考量，建立完善的财务内控制度迫在眉睫。一旦内控缺失，企业将会面临财税风险倍增的危机，即使小微企业也不例外。

企业建立和完善财务管控体系，一方面要以《中华人民共和国会计法》《中华人民共和国公司法》《会计基础工作规范》等法律法规为准绳；另一方面要结合企业的具体情况，强化内部管控，建立切实可行的管控机制和管控系统，防范经营风险，保护公司财产，向财务要效益。

1. 企业财务内部控制的基本原则

小微企业建立与实施财务内部控制，应当遵循下列原则：

第一，防范风险导向原则。

内部控制应当以防范风险为出发点，重点关注对实现内部控制目标造成重大影响的风险领域。

第二，适应性原则。

内部控制应当与企业发展阶段、经营规模、管理水平等相适应，并随着情况的变化及时加以调整。

第三，实质重于形式原则。

内部控制应当注重实际效果，而不局限于特定的表现形式和实现手段。

第四，成本效益原则。

内部控制应当权衡实施成本与预期效益，以合理的成本实现有效控制。

2.企业财务内部控制的要素

企业财务内部控制要素应包括内控环境、风险评估、控制活动、信息与沟通、监督五个方面。

（1）内控环境。主要指财务风险理念、财务文化环境、领导班子、干部人事激励机制、对财务干部素质的要求、财务权利和职责划分、内部财务审计、执法检查等。

（2）风险评估。指根据税收法律法规的要求，对财务系统内部所有运行和管理业务流程中存在的风险及其重要性作出评价。主要包括风险识别、风险分析、风险评价三个步骤。

（3）控制活动。指使财务风险得以应对和控制的制度和程序。风险评估后所采取的对应控制措施即为控制活动。控制活动是整个内部控制的实质内容，控制活动的科学性、合理性直接影响内部控制的效果。

（4）信息与沟通。指在财务管理中的有关信息，应保证能根据内部控制需要而被识别、获取和沟通，而不是被隐藏和封闭，以促使相关工作人员履行职责，达到共同控制风险的目的。

（5）监督。指企业系统内部的专职部门对整个内部控制系统运行流程进行监督和评价。

3.企业财务内部控制机制的构成

一个完善的企业财务内部控制机制，应该包括以下几个构成部分：

（1）主体。

包括两个部分：企业财务内部控制机制的制定者和参与者。

第一，制定者。根据目前企业的组织架构和层级管理方式，这项工作必须紧紧依靠企业董事会，董事会要对财务战略、规划的合规性负责，要全员参与、负责财务风险的控制，财务事项合规处理的权责应落实到具体的岗位、流程中。

第二，参与者。企业要有一批专业能力过硬的财务管理人员和专业人才，有条件的企业可以设立专门的财务控制主管或财务控制专员，全面、系统、持续地收集内部和外部相关信息，查找企业经营活动及业务流程中的财务风险，分析风险发生的可能性、影响程度，为风险控制策略选择奠定基础。这个团队不仅要制定日常财务风险管理的制度、流程，定期监督，反馈改进情况，而且要参与企业重要经营决策，有对可能存在的重大财务问题的专业敏感性和判断力。

（2）客体。

指主体以外的客观事物，是主体认识和实践的对象。具体包括内控体系、制度、财务政策、财务统筹等。

其中最关键的是，就控制活动要素而言，企业应建立财务日常风险控制制度和重大风险控制制度。前者包括会计处理、申报表编制、税款缴纳、各种账簿和资料的管理等，有健全的制度，才能实现财务风险点控制与业务、财务流程相融合；后者主要指在企业组织架构、经营模式、外部环境、行业惯例等发生重大变化而可能面临重大财务风险时，能够开展专业判断，寻求对策。

（3）方法。

主要指工作流程、决策方法、防控方法与监控方法等。

第一，工作流程。即在规范和优化每项财务工作流程，明确各岗位操作的标准、时限、权限等要求的基础上，将工作流程由手动操作传递转变为信息化自动处理，最大限度地减少人为因素，从而保证工作的规范性、程序的严密性。同时，企业财务部要设计专门的财务控制管理流程（见表2-4），严格按流程进行管控。

第二章 财务内控制度：财税管理的新型武器

表2-4　财务控制管理流程

名称	财务控制管理流程		编号	
^	^		进度	
环节	构建控制系统	实施财务控制标准	反馈、改进	
实施过程	根据企业发展目标，财务部要确定财务控制的目的 → 财务部在企业总体财务规划、财务预算目标的基础上确定财务控制标准 → 根据上述控制标准，制定有关制度，配备控制人员，形成完善的控制体系	在财务控制标准的要求下，财务部和其他部门开展财务和相关控制工作 → 对财务控制过程中形成的数据，控制人员要以报表或文本的形式保存 → 控制人员将上述数据与控制标准对照，找出差异，并分析其原因	针对差异形成的原因，制定相应的对策 → 控制人员组织实施旨在消除差异的各种措施 → 财务部会同人事部，对财务控制过程中的相关当事人进行绩效考核	
备注					
编制人		审核人		批准人	
编制日期		审核日期		批准日期	

第二，决策方法。应尽量采取集体决策的办法进行控制。如对重大事项，通过召开董事会会议、管理层会议和各类工作小组会议等办法进行决策，实现决策的科学化、民主化，逐步解决"花钱一支笔、决策一言堂、权力一把抓"的顽症。

第三，防控方法。对排查出的风险点进行风险程度评估，按照风险等级从高到低的顺序排列，适时发布预警信息，及时采取有效措施，排除风险隐患。如对企业财务管理系统产生的异常数据和异常信息进行风险分析，以及归类和风险等级排序，并以适当的形式适时发布，及时采取应对措施，予以消除。

第四，监控方法。对工作情况进行监督检查，能够及时发现问题、堵塞漏洞、消除隐患。上级管理部门要对下属的工作情况进行监督检查，广泛开展财务自查，各级管理人员要及时听取下级工作人员的工作汇报，监督检查下级工作人员特别是一线员工的工作情况，从而形成多层次、多角度、全方位的监督检查工作机制，把各种风险隐患消除在萌芽状态，防止风险扩大和蔓延。

（4）考核评价体系。

建立一套科学的财务内部控制建设考核评价体系，把财务内部控制建设作为企业内控体系建设责任制和领导问责的一项重要内容，将财务内部控制建设与目标管理考核或绩效考核紧密结合起来，通过对财务内部控制建设情况的考核，发现企业运行中存在的问题，逐步完善和加强对财务风险的监督。

第二章 财务内控制度：财税管理的新型武器

财务管控的反舞弊机制

财务掌管着企业的"钱袋子"，是企业经济活动中的一道重要防线。近年来，这道防线失守的趋势越来越明显，企业财务人员贪污舞弊、挪用公款的现象非常突出，给企业造成了严重的经济损失。财务人员的腐败主要表现在以下六方面：

第一，多收少记或收入不入账。这种违法操作手段简单，最为常见。

第二，截留挪用企业公款。

第三，弄虚作假，伪造进账单据、交易记录，甚至自制取款凭证。

> **案例**
>
> 2020年12月24日，陈某入职A公司任职出纳岗位，同时负责收付银行往来账款、存取现金等工作。2021年1月10日，A公司安排陈某以其个人名义办理银行卡，并绑定陈某的微信及支付宝，便于客户结算。
>
> 2021年6月至2023年1月，陈某运用手机P图软件，伪造向B公司支付配件款的"网上银行交易详细清单"，利用自己负责公司银行往来账目的职权，对所谓的"网上银行交易详细清单"做了支出处理，侵占公司备用金，共计侵占43万元。

第四，涂改变造会计凭证多报销。

> **案例**
>
> 2019年11月至2022年7月，上海××汽车有限公司出纳高某利用负责公司日常资金收支的职务便利，通过篡改报销票据数额的方式，共计侵占公司资金21.3万元，所得款项均用于个人花销。

第五，私设账户。有些财务人员利用职务之便搞"账外账"或"私开账户"，将企业公款"体外循环"，私下进入个人腰包。

第六，销毁证据后携款潜逃。

财务人员腐败舞弊现象的发生，固然有企业用人不当的原因，但更多还是因为财务监管机制出了问题，导致企业内部管理混乱、监管不力，让不法分子钻了管理和制度的空子。

有些企业也构建了财务管控防线，但有章不循，制度形同虚设，导致财务人员缺乏必要的监督约束。

针对财务人员腐败的反舞弊措施主要有以下三点：

1. 建立完善的财务反舞弊管理制度

要想实现对企业财务的规范化治理，必须制定相应的管理制度。同样，反舞弊合规也必须有章可循。财务反舞弊管理制度一般应包含以下七个方面的内容。

（1）舞弊的概念及形式、反舞弊工作的宗旨。

（2）反舞弊的责任归属。

（3）舞弊的预防和控制。

（4）舞弊案件的举报、调查和报告。

（5）反舞弊工作常设机构及其职能。

（6）反舞弊工作的指导和监督。

（7）舞弊的补救措施和处罚。

财务反舞弊管理制度应当在企业内部办公系统中留档，以供全体人员随时查看，同时也应注意通过恰当的途径对外公示，方便合作伙伴、顾客以及社会公众等知悉相关制度内容。

2. 设置举报渠道

在设置举报渠道时，应遵循内外兼顾、公开通畅的原则。企业可以根据自身工作模式、沟通惯例等设立合适的举报渠道，要确保无论是公司内部员工还是外部相关人员，在发现或者怀疑存在舞弊线索时都可以通过相应的渠道进行举报。在设置举报渠道时，要注意举报渠道的灵活性、信息保密性、匿名性以及便利性等性质。目前较为常见的举报渠道是举报邮箱、举报网站、举报热线电话等。

同时，举报信息接收人的选择尤为重要，一旦选择不当可能就会直接导致整个举报制度的失效。在选择举报信息接收人时应注意以下两点：

第一，举报信息接收人应当具有足够的独立性。要绝对避免该人员与舞弊风险高发部门的人员存在直接或间接的利害关系，在确保其接收信息后能免受不正当干预的情况下，可以考虑对其进行多条线的管理，确保其在接收相关信息后能妥善处理。

第二，举报信息接收人必须具备相应的专业能力。承担该项工作的人员应当具备相关法律知识或财务背景，并且经过了系统性的培训，能胜任该项工作。必要时可以选择设置外部独立的举报渠道，由专业的律师团队作为举报信息的接收者，律师作为专业人员，能对线索可能涉及的法律风险进行更为精准、专业的评估和判断，并在获取线索之后能进行深入挖掘，排除其他不当干预。例如，可以专门聘请外部律师事务所作为独立第三方来提供该项服务。

3. 对财务舞弊实行惩处措施

对财务舞弊行为的惩处措施包括内部惩处和外部司法移送。

第一，内部惩处。

内部惩处主要从两个层面入手：一是适当的内部惩处。对舞弊的部门和员工进行必要的惩戒，作出是否采取纪律处分的决定，必要时可以终止合同。二是合规体系的修正和更新。对舞弊行为进行分析和评估，确定其发生的主要原因，通过自我评估、内部审计及内外部举报等途径，对合规体系的有效性进行持续监控，定期对整个反舞弊的框架进行回顾，发现漏洞并及时修正和更新。对于合规体系的修正和更新，应及时与企业员工及外部相关人员进行沟通。

第二，外部司法移送。

外部司法移送是可选项而不是必选项，企业可以根据自身需求、具体的舞弊情节，决定是否将相关责任人员移送司法机关。外部司法移送一直是反舞弊工作开展的重点和难点，其中收集证据、与当地公检法机关进行良好的沟通等都需要专业人员介入，企业在组建合规团队时必须考虑到团队的专业能力建设，在必要时可以聘请外部律师进行补充。

第三章

会计科目设置：基于会计准则来做账

> 会计科目设置是指企业在国家统一规定的会计科目的基础上，建立本会计主体的会计科目体系。会计科目的设置不单纯从会计对象的内容出发，更多从会计方法出发，会计科目设置是会计核算工作的第一步。企业会计科目设置和账务处理的依据是会计准则，而不是税法。

会计的基本职能与假设

随着现代经济的不断发展，会计的内涵及外延都在不断地丰富和拓展。会计已不再囿于传统的记账、算账、报账的狭窄范围，而是着力于数据信息的处理与应用，会计对经济活动的预测、决策、控制已成为会计工作的重点。

对于现代会计，我们可以作如下表述：

会计是以货币为主要计量单位，以凭证为依据，借助于专门的技术方法，对一定主体的主要经济活动进行全面、综合、连续、系统的核算与监督，并向有关方面提供会计信息的一种经济管理活动。

1. 会计的基本职能

会计的职能是指会计在经济管理工作中所具有的功能或所发挥的作用，会计的基本职能有两个，即会计核算与会计监督。

（1）会计核算。

会计核算是会计首要的、基本的职能，主要从价值量上反映各主体的经济活动状况，通过对经济主体进行记账、算账、报账，即通过确认、计量、记录、报告等环节，为有关方面提供会计信息。会计核算的基本特点可以从以下三个方面加以表述：

第一，会计核算主要从价值量上反映各主体的经济活动状况。在商品经济条件下，会计可以通过三种经济量度，即货币量度、实物量度和劳动量度来综合反映经济活动的过程和结果。随着社会生产力的发展，以及经济活动的复杂程度不断加大，人们不可能仅仅从实物或劳动方面来考察主体的经济活动过程和结果，而是必须获得按一定程序进行加工处理后以价值量表现的会计信息，才能从全过程掌握经济活动的运行。也就是说，会计核算以货币量度为主，而实物量度和劳动量度只是辅助。

第二，会计核算具有连续性、系统性和完整性。会计核算的连续性，是指会计核算要对会计对象进行连续的计量、记录和报告；会计核算的系统性，是指会计核算应采用科学的程序和方法，以保证所提供的会计信息及数据资料能成为一个有机整体，从而揭示经济活动的客观规律；会计核算的完整性，是指会计核算应对所有的会计对象进行计量、记录和报告。

第三，会计核算应对各主体经济活动的全过程进行反映，即对各主体的经济活动进行事前、事中和事后的全过程的核算。会计核算的基础工作是对事后发生的事项进行核算和分析，但随着经济活动的日益复杂及市场竞争的日趋激烈，事前的预测和分析占据越来越重要的地位。

（2）会计监督。

会计监督是会计的控制职能，主要通过价值量指标，运用预测、决策、控制、考核等具体方法，对主体的经济活动进行监督和控制。会计监督的特点可以从以下两个方面加以阐述：

第一，会计监督主要是通过价值量指标来进行监督工作的。前面已经讲过，会计核算的主要依据是价值量指标，会计监督同样要依靠这些价值量指标。企业的大部分经济活动都会伴随着价值量的增减变化及价值形态的转化，因此，会计监督以价值量为主要依据，就能更加全面、及时和有效地监督和控制企业的各项经济活动。

第二，会计监督同样包括事前、事中和事后的全过程的监督。事前监督是在经济活动开始前进行监督和审查，主要包括对经济可行性的审查以及对经济事项是否合法合规的审查；事中监督是对正在进行中的经济活动进行监督，以纠正活动过程中的失误和偏差，使经济活动按预定的目标进行；事后监督是对已经发生的经济事项进行监查、审核和分析，以总结经济活动的规律，发现及改正存在的问题。

会计监督的依据有合法性依据和合理性依据两种。合法性依据是国家的各项法律及法规，合理性依据是经济活动的客观规律及企业自身在经营管理方面的要求。

会计核算与会计监督是相互作用、相辅相成的。核算是监督的基础，没有核算，监督就无从谈起；而监督是核算的质量保证。

2. 会计的基本假设

会计的基本假设有四个，分别是会计主体假设、持续经营假设、会计分期假设和货币计量假设。

第一，会计主体假设。

会计主体是会计工作服务的特定单位或组织，是会计核算和监督工作的范围。这一基本假设界定了会计核算和监督工作的空间范围，明确了会计工作人员的立场。这一基本假设的主要意义在于：一方面，它将特定主体的经济活动与该主体所有者及职工个人的经济活动区分开来；另一方面，它将该主体与其他主体的经济活动区分开来。这里需要明确的是，会计主体与法律主体并不是同一概念。一般来说，法律主体必然是会计主体，而会计主体未必是法律主体。也就是说，会计主体可以是法人，也可以是非法人。例如，独资企业及合伙企业所拥有的财产和债务，在法律上均视为所有者个人财产的延伸部分，其经营活动视为所有者的个人行为。也就是说，企业的利益与行为和个人的利益与行为是一致的，因而在法律上独资企业及合伙企业不具备法人资格。但是，独资企业及合伙企业都是经济实体，在会计处理上都应作为会计主体，将企业的财务活动与所有者个人的财务活动区分开来。

第二，持续经营假设。

持续经营是指会计主体在可以预见的未来，将根据正常的经营方针和既定的经营目标持续经营下去。也就是说，会计主体的经营活动将按照既定的目标持续下去，在可以预见的未来，不会面临破产或清算，其所持有的资产将正常运营，所负担的债务将正常偿还。这一基本假设的主要意义在于，它可使会计原则建立在非清算的基础上，从而为解决资产计价与收益确认问题提供基础。会计核算所使用的一系列会计原则与会计处理方法都是建立在会计主体持续经营的基础上的。

第三，会计分期假设。

会计分期是指将会计主体的持续经营活动人为地分割为若干个相等的时间间隔，从而为及时地反映主体的经营成果和财务状况提供基础。这一基本假设的主要意义在于，它界定了会计信息的时间段，为权责发生制原则、可比性原则、一贯性原则、配比原则、及时性原则、划分收益性支出与资本性支出原则及谨慎性原则等奠定了理论与实务的基础。将企业的生产经营活动划分为会计期间，也是企业及有关部门及时获得会计信息，充分发挥会计的反映和监督职能的需要。

从理论上讲，将会计年度的起讫日期定在企业经营活动的淡季比较合适，因为在企业经营活动的淡季，业务量相对较少，便于企业会计人员对会计要素和本年度盈亏进行计量。西方国家的许多企业正是将企业的会计年度起讫日期定在企业经营活动的淡季，但是这一做法也有局限性，主要是淡季资产负债表所反映的财务状况缺乏代表性。根据《企业会计准则》的规定，会计期间可分为年度、季度和月度，年度、季度和月度的起讫日期采用公历日期。

第四，货币计量假设。

货币计量是指会计主体在会计核算过程中采用货币作为统一计量单位，记录、反映会计主体的经营情况。这一基本假设的主要意义在于，确认以货币作为主要的、统一的计量单位后，它就和其他三项基本假设一起，为各项会计原则的确立奠定基础。这里必须指出的是，货币计量是以币值不变、币值稳定为前提的。对于会计核算如何反映币值变动的影响，则应由通货膨胀会计加以解决。

根据《企业会计准则》的规定，会计核算应以人民币为记账本位币。业务收支以外币为主的企业，也可以选择某种外币作为记账本位币，但编制的会计报表应当折算为人民币反映。境外企业向国内有关部门编报的会计报表，应当折算为人民币反映。

上述会计核算的四项基本假设是相互依存、相互补充的。会计主体确立了会计核算的空间范围，持续经营与会计分期确立了会计核算的时间长度，而货币计量则为会计核算提供了必要的手段。没有会计主体，就不会有持续经营；没有持续经营，就不会有会计分期；而没有货币计量，就不会有现代会计的产生与发展。

第三章 会计科目设置：基于会计准则来做账

依法依规来做账

会计的主要工作之一是做账，但做账也不是随便做做，而是要有依据，这样做出来的账目才真实、合理、合法。

1. 我国的会计法规体系

我国的会计法规体系是以《会计法》为主法形成的一个比较完整的体系。我国会计法规体系主要包括《会计法》、会计准则和其他对会计核算有影响的法规和部门规章。

从会计法律体系上来说，我国会计法规体系由五个层次组成。

第一，《会计法》。自1985年起施行的《会计法》，属于法律，是会计法规规章的母法。《会计法》是我国会计工作的根本大法，也是我国进行会计工作的基本依据，在我国会计法规体系中处于最高层次，居于核心地位，是其他会计法规制定的基本依据。

第二，行政法规。自2001年起施行的《企业财务会计报告条例》，属于行政法规。

第三，会计准则。会计准则是我国会计核算工作的基本规范。会计准则以《会计法》为指导，同时又是我国会计制度制定的依据。2007年施行的《企业会计准则——基本准则》，属于会计准则。会计准则还包括以下细分准则：

2011年10月18日，财政部发布了《小企业会计准则》，要求符合适用条件的小企业自2013年1月1日起执行，并鼓励提前执行。

2012年12月6日，财政部修订发布了《事业单位会计准则》，自2013年

1月1日起在各级各类事业单位施行。该准则对我国事业单位的会计工作予以规范。

2015年10月23日，财政部发布了《政府会计准则——基本准则》，自2017年1月1日起在各级政府、各部门、各单位施行。

第四，地方规章。即地方政府依据上述法律法规制定的地方政府部门规章。

第五，会计制度。会计制度是我国企业和行政、事业单位核算工作的具体规范，它以《会计法》为依据，根据会计准则的要求，结合不同行业和预算单位的特点及企业经营管理的要求制定。会计制度直接对会计核算工作发挥规范作用。

以上五层的法规层级和法律效力是逐步降低的。下位法不能违背上位法，即下层规章制度不能和上层法律法规冲突，否则无效。

2. 按会计准则来做账

在实操中，很多企业有这样的疑问：做账是依据会计准则还是税法？

账务处理的依据是会计准则，税法只是计算和缴纳税款的依据。依据会计准则进行账务处理时，会与税法相关要求存在差异，从而产生纳税调整。在实践中，许多财务人员从简化核算的角度考虑，倾向于依据税法进行处理，从而避免了纳税调整。

事实上，如何进行会计核算与税法规定并没有直接关系，按税法的规定进行账务处理是错误的。而且，按税法的规定也无法进行财务处理。比如，如何编制记账凭证，如何编制财务报表，这些在税法中并没有规定。税法主要规范纳税人的纳税行为，何种行为需要纳税、如何计算应纳税款、有何优惠政策、何时申报纳税，这些才是税法规定的核心内容。

举个最简单的例子，从银行提取现金5万元，如何进行账务处理，税法有规定吗？没有，只有会计制度、会计准则才有明确的规定，按税法的规定是处理不了会计核算问题的。

3. 如何选择会计准则

刚成立的小微企业如果要建账，面临的首要问题就是应当依据《企业会计准则》还是《小企业会计准则》。

《小企业会计准则》适用于在中华人民共和国境内依法设立的不对外筹集资金、经营规模较小的企业（不包括以个人独资及合伙形式设立的小企业）；《企业会计准则》适用于所有的企业。作为小微企业，最好依据《小企业会计准则》来做账，因为账务处理、做财务报表都比较简单。

第一，会计科目简单。

《小企业会计准则》比《企业会计准则》少设置了25个一级科目，比如交易性金融资产、递延所得税资产、递延所得税负债、商誉、存货跌价准备、坏账准备、资产减值损失、信用减值损失、其他收益、以前年度损益调整、库存股等。

第二，账务处理简单。

适用《小企业会计准则》的企业，账务处理相对更加简单。

第三，做财务报表相对简单。

《小企业会计准则》没有所有者权益变动表，而且财务报表列示的内容也比较简单，以资产负债表为例，没有商誉、递延所得税资产、递延所得税负债、应付债券等项目。

另外，《小企业会计准则》的利润表里没有资产减值损失、信用减值损失、公允价值变动收益、其他收益等项目。

小微企业优先选择《小企业会计准则》。当然，符合《小企业会计准则》规定的小企业，按照规定也可以选择依据《企业会计准则》。

一旦确定所依据的会计准则，在做账的过程中，就要始终采取该准则的规定。即若选择依据《企业会计准则》，就不能选择依据《小企业会计准则》。

会计的六大要素

对会计对象的具体内容所作的基本分类，称为会计要素。通常讲，会计要素就是会计要核算的内容。企业的经济业务十分复杂，要准确核算，必须将其进行分类处理。现行的《企业会计准则》将会计要素分为资产、负债、所有者权益、收入、费用和利润共六类。

1. 资产

资产是指企业拥有或控制的、能以货币计量并为企业提供经济效益的经济资源，包括财产、债权和其他权利。

例如，赵先生租了几间厂房和几台印刷机，开了家小型印刷厂，但现在这些厂房和机器显然不是他的资产。虽然此时赵先生行使对厂房和机器的使用权，但这些厂房和机器的所有权并不在他的手里，他并不能控制和支配这些厂房和机器。作为资产，要具有以下几个特征：一是排他性，即某项资产的所有权、使用权和支配权只归某一企业。二是资产必须能够被企业以货币加以计量。例如一家生产饮料的企业，垄断占有了一处矿泉水水源，但却没有办法给它估价，那么这处水源也不能算作这家饮料厂的资产。三是资产要能够直接或间接地为企业带来预期的经济效益，要有助于企业目前和未来的经营。像报废的机器已经不能给企业带来任何的经济效益，也就不能算作资产了。四是资产既包括财产也包括债权和其他权利。只有具备了以上特征，才能被列为资产。

资产的本质是经济资源。它可以是有形的，如房屋、机器设备、材料等；也可以是无形的，如土地使用权、专利权等。

第三章　会计科目设置：基于会计准则来做账

资产按其在经营活动中的流动性和发挥作用的不同，分为流动资产、长期投资、固定资产、无形资产、长期待摊费用等。

第一，流动资产。

流动资产是指那些流动性比较强的资产。流动性常常被理解为变成现金的能力。一项资产如果能够很容易地被变卖、处置而成为现金，那么它就具有很强的流动性。流动资产主要包括现金、银行存款、短期投资、应收及预付款项、存货等。

第二，长期投资。

长期投资是指不准备在1年内变现的投资，包括股票投资、债券投资和其他投资。

第三，固定资产。

固定资产是指使用年限在1年以上，单位价值在规定标准以上，并在使用过程中保持原来实物形态的资产，包括房屋及建筑物、机器设备、运输工具等。

固定资产的特点是可以多次参加企业的生产经营周转，在长期使用过程中，虽有磨损但仍能保持其基本形态不变，价值随着使用而逐渐降低，降低的这部分价值称为折旧。

第四，无形资产。

无形资产是指企业长期使用而没有实物形态的资产，包括专利权、非专利技术、商标权、著作权、土地使用权、商誉等。

虽然无形资产不具有实物形态，看不见摸不着，但企业必须付出代价才能将其作为无形资产入账核算。无形资产可在较长时期内使用，为企业提供收益。无形资产的价值随着使用也逐渐降低，转化为企业的费用。如果不能为企业带来收益，则不能列作无形资产入账。

第五，长期待摊费用。

长期待摊费用是指企业已经支付，但不能全部计入当年损益，应当在以后年度内分期摊销的各种费用。如摊销期限在1年以上的数额较大的广告宣传费、股票发行费、开办费、租入固定资产的改良支出等。

2. 负债

负债是指企业所承担的、能以货币计量的、需要今后以资产或劳务偿还的债务。

负债按偿还期的长短可划分为流动负债和长期负债。

第一，流动负债。

流动负债是指将在1年或超过1年的一个营业周期内偿还的债务，主要包括短期借款、应付及预收款项和预提费用等。

第二，长期负债。

长期负债是指偿还期在1年或一个营业周期以上的债务，主要包括长期借款、应付债券和长期应付款等。

若长期负债在1年内到期，视作流动负债处理。

3. 所有者权益

所有者权益是指企业投资者对企业净资产的所有权。所谓净资产，在数量上等于企业全部资产减去全部负债后的余额。

所有者权益是与投资人的投资行为相伴而生的。不论投资人是国家还是企业，抑或个人，其权益在性质上都是相同的，都算作所有者权益。如果企业在经营中实现了利润，所有者权益将随之增长；如果发生了亏损，则所有者权益将随之缩减。从这个意义上讲，企业的投资者对企业经营活动承担最终的风险，当然，他们也同时享有最终的利益。

所有者权益包括实收资本、资本公积、盈余公积和未分配利润。

第一，实收资本。

实收资本是指投资者按照投资协议投入企业用于经营活动的各种财产物资。

比如某个商场在新建时，企业或个人可以购买它发行的股票成为股东，也可以向它投入灯具、柜台、高档设施等设备而成为股东，还可以出让商标使用权这样的无形资产作为投资而成为股东。

实收资本是企业所有者权益的主体，是其他各项财务内容赖以存在的基础。同时，它还是企业正常运行所必需的资金，投资者应该按照协议规定的数额和期限缴纳出资。

第二，资本公积。

资本公积是指企业由于财产价值重估、接受捐赠而增加的资本积累，包括财产重估增值、接受捐赠的资产等。

比如，企业按照规定对资产进行重估而产生增值，那么增值部分就算作资本公积。又如，某福利厂接受捐赠的机器设备，那么这些捐赠的机器设备应该按照一定的价值计入资本公积。

第三，盈余公积。

盈余公积是指企业按照国家有关规定从税后利润中提取的各种公积金，包括法定盈余公积和任意盈余公积以及公益金。

法定盈余公积和任意盈余公积的区别就在于各自计提的依据不同。前者以国家的法律或行政规章为依据提取，后者则由企业自行决定提取。

公益金则是专门用于企业职工福利设施的支出，比如建造职工宿舍、托儿所等。企业一般要按照税后利润的5%～10%的比例提取公益金。

第四，未分配利润。

未分配利润是指企业本期未分配完的留待以后年度继续分配的利润。

盈余公积和未分配利润均是企业从逐年获得的净收益中形成的所有者权益，又称为留存收益。

4. 收入

收入是指企业在销售商品、提供劳务以及他人使用本企业资产等生产经营业务中所形成的资金总流入，也叫营业收入。

收入增加，意味着企业增加了资产或者减少了负债，或者二者兼而有之。收入是反映企业经济效益好坏的一项基本指标，是企业经营成果的重要组成部分。

企业在日常经营活动中所形成的经济利益的总流入，我们称之为营业收入。除此之外，企业还会有不经过经营过程或者不曾期望而获得的经济利益的流入，我们称之为营业外收入。营业收入和营业外收入构成了企业的收益，即通常所说的广义的收入。

5. 费用

费用是指企业在生产经营过程中发生的各种耗费。费用会导致企业资源减少。它的发生可以表现为资产的减少或负债的增加。

费用最终会减少企业的所有者权益。在费用一定的情况下，企业的所有者权益随着收入的增加而增加；在收入一定的情况下，企业的所有者权益随着费用的增加而减少。为此，降低各种费用支出，是增加企业盈利的一种重要手段。费用按其是否构成产品成本，可分为制造费用和期间费用。

第一，制造费用。

制造费用是指企业发生的与产品生产直接相关的费用，包括为生产产品而发生的直接材料费、直接人工费等直接费用及各生产单位为组织和管理本生产单位的生产而发生的各种间接费用。

第二，期间费用。

期间费用是指企业发生的与产品生产无直接关系，属于某一时期耗用的费用，包括管理费用、财务费用和营业费用。

上述费用是指狭义的费用，广义的费用还应包括投资损失和营业外支出。投资损失的发生，会造成企业资产的减少；营业外支出是企业发生的与经营活动没有直接关系的支出，如固定资产盘亏损失、罚款支出、对外捐赠等，会造成企业资产的减少。两者是构成企业利润减少的因素。此外，企业还必须按税法规定向国家纳税，缴纳的税金也形成企业的一项费用。

6. 利润

利润是企业在一定会计期间的经营成果。我国企业的利润按来源不同分为营业利润、主营业务利润、其他业务利润、利润总额和净利润，计算公式分别如下：

营业利润＝主营业务利润+其他业务利润−期间费用

主营业务利润＝主营业务收入−主营业务成本−主营业务税金及附加

其他业务利润＝其他业务收入−其他业务支出

利润总额＝营业利润+投资收益+补贴收入+营业外收入−营业外支出

净利润＝利润总额−企业所得税

会计凭证与会计账簿

会计凭证，简而言之，就是记账的依据，是整个会计核算的起点，同样也是经理人进行监督、审查的第一步。

会计凭证简称凭证，是记录经济业务、明确经济责任的书面证明，是用来登记账簿的依据。

会计主体办理任何经济业务，都必须由有关人员填制或取得会计凭证，以记录经济业务，明确经济责任。填制或取得的会计凭证，都应由有关人员进行审核，审核无误后，才能够作为记账的依据。

填制和审核会计凭证，是会计核算的专门方法之一。会计凭证具有以下作用：

（1）提供会计信息。

（2）监督、控制经济活动。

（3）提供记账依据。

（4）加强经济责任制。

会计凭证多种多样，可以按不同的标准进行分类，但主要按用途和填制程序分类，可分为原始凭证和记账凭证两类。

1. 原始凭证及其种类

原始凭证亦称单据，是在经济业务发生或完成时取得或填制的，用以记录、证明经济业务的发生或完成情况的原始证据，是进行会计核算的原始资料。

原始凭证按来源不同，分为外来原始凭证和自制原始凭证两种。

第一，外来原始凭证。是指同外单位发生经济往来业务关系时，从外单位取得的原始凭证，如发货票、收据等。

第二，自制原始凭证。是指在经济业务发生或完成时，由本单位内部人员自行填制的原始凭证。

原始凭证按填制方法不同，可分为以下四种：

（1）一次凭证。

填制手续是一次完成的，已填制的凭证不能再重复使用，这种自制原始凭证称为一次凭证，如入库单、提货单。

（2）累计凭证。

为了连续反映某一时期内不断重复发生而分次进行的特定业务，需要在一张凭证中连续、累计填制该项特定业务的具体情况，这种凭证称为累计凭证，如限额领料单。

（3）记账编制凭证。

根据账簿记录而填制的原始凭证，称为记账编制凭证，如制造用分配表。

（4）汇总原始凭证。

将一定时期内同类经济业务的若干原始凭证汇总编制成一张原始凭证，这种凭证称为汇总原始凭证，如收货凭证汇总表等。

2.记账凭证及其种类

记账凭证是会计人员根据审核无误的原始凭证或汇总原始凭证，按照经济业务的内容进行归类、整理并确定会计分录而编制的凭证，是直接登记账簿的依据。

记账凭证有两种分类方式：

第一，记账凭证按其反映的经济业务是否与货币资金有关，可分为收款凭证、付款凭证和转账凭证。

（1）收款凭证。

收款凭证是用以反映货币资金收入业务的记账凭证，根据货币资金收入业务的原始凭证填制而成。收款凭证一般按现金和银行存款分别编制，货币资金之间的收付业务一律编制收款凭证。

（2）付款凭证。

付款凭证是用以反映货币资金支出业务的记账凭证，根据货币资金支出业务的原始凭证填制而成。付款凭证一般也按现金和银行存款分别编制。

（3）转账凭证。

转账凭证是用以反映与货币资金收付无关的转账业务的凭证，根据有关转账业务的原始凭证或记账凭证填制而成。

会计实务中涉及现金和银行存款之间的划转业务，一般只编制付款凭证不编制收款凭证，以免重复记账。

第二，记账凭证按填制方式的不同，可分为复式记账凭证和单式记账凭证。

（1）复式记账凭证。

复式记账凭证是把一项经济业务完整地填列在一张凭证上的记账凭证，即该项经济业务所涉及的所有会计科目在一张记账凭证中集中反映。优点是能够反映经济业务的全貌及会计科目之间的对应关系，可以减少记账凭证的数量；缺点是不便于同时汇总计算每一个会计科目的发生额，也不利于会计人员分工记账。

（2）单式记账凭证。

单式记账凭证是按照一项经济业务所涉及的每个会计科目单独编制一张凭证的记账凭证，每张记账凭证只登记一个会计科目。它包括借方记账凭证和贷方记账凭证。优点是便于同时汇总计算每一个会计科目的发生额，也便于会计人员分工记账；缺点是不便于反映经济业务的全貌及会计科目之间的对应关系。

通过填制和审核会计凭证，可以反映和监督每项经济业务发生和完成的情况，但是会计凭证的数量很多，且每张会计凭证所记载的只是个别经济业务的内容，它们所提供的核算资料是零散的。因此，为了把分散在会计凭证中的大量核算资料加以集中和归类、整理，为经营管理提供系统、完整的核算资料，就必须设置和登记会计账簿。会计账簿简称账簿，由具有专门格式而又相互联结在一起的若干账页组成，用来序时地、分类地登记经济业务。

最基本的记账方法：借贷记账法

企业日常发生的经济业务虽然纷繁复杂，但从价值量的角度看，不外乎增加、减少两种情况。增加减去减少，即为余额。账户为了记录各类经济业务的增减变动情况及结余情况，就必须具有一定的便于登记增加、减少、结余情况的结构。因此，每一账户应该设置三个部分，一部分用来登记资产、权益的增加数，一部分登记资产、权益的减少数，还有一部分登记资产、权益的结余数。这三个部分构成了账户的基本结构。

目前，我国企事业单位普遍采用的记账方法是借贷记账法。借贷记账法账户的基本结构分为左右两方，左方称为借方，右方称为贷方，请注意，这里的"借"和"贷"仅仅是一对记账符号，只代表记账方向，而无增加或减少的含义。账户还有余额栏。

1. 借贷记账法的概念与内容

借贷记账法是以"资产＝负债＋所有者权益"会计等式为理论基础，以"借"和"贷"为记账符号，以"有借必有贷，借贷必相等"为记账规则，以"借贷方发生额总额相等"为试算平衡方法的一种复式记账方法。

借贷记账法的对象，是会计要素的增减变化过程及结果。资产、负债和所有者权益是重要的会计要素，它们之间存在着客观必然的数量关系，即会计恒等式：资产＝负债＋所有者权益。这个公式是借贷记账法的理论基础。当一个会计要素发生增减变化时，同一个会计要素之间，或者是另一个或另两个会计要素之间必然发生增减变化，以确保平衡公式不被破坏。只有维持会计要素之间的平衡关系，在相关的账户中进行等额登记，才能保证经济业务的完整性。所以说，会计恒等式是借贷记账法的理论基础。

借贷记账法有以下两点主要内容：

第一，以"借"和"贷"为记账符号。为了反映经济业务数量上的增减变化，人们在账户的结构中用"左"和"右"来记录会计要素具体内容的增减变动。在借贷记账法下，由于以"借"和"贷"作为记账符号，人们在会计核算中习惯称账户的左方为借方，右方为贷方，"借"和"贷"是代表记账方向的一对记账符号，在不同性质的账户中表示不同的含义。

第二，以"有借必有贷，借贷必相等"为记账规则。当经济业务发生时，如何运用借贷记账法把每一项经济业务记入相互联系的两个或两个以上的账户，是需要遵循一定的记账规则的。

2. 借贷记账法的原则及其应用

运用借贷记账法时应了解其基本原则：在会计实务中以"借"表示资产的增加及负债和所有者权益的减少，以"贷"表示负债和所有者权益的增加及资产的减少。

具体地说，资产的增加应记在资产类的有关账户的借方，资产的减少应记在资产类的有关账户的贷方；负债和所有者权益的增加应记在其有关账户的贷方，负债和所有者权益的减少应记在其有关账户的借方。凡账户借方有余额，表示为资产的余额；凡账户贷方有余额，表示为负债和所有者权益的余额。一般资产类账户都为借方余额，负债和所有者权益类账户为贷方余额，其结构是不同的。

下面以一组简单的实例具体说明借贷记账法的基本原则。

第三章 会计科目设置：基于会计准则来做账

> **案例**
>
> 【例1】企业向银行借入长期借款200000元。
>
> 这项经济业务使资产类账户"银行存款"增加了200000元，同时使负债类账户"长期借款"增加了200000元，因此，应分别记入"银行存款"账户的借方和"长期借款"账户的贷方。
>
> 【例2】企业股东以现金的方式向企业投入资本250000元存入银行。
>
> 这项经济业务使资产类账户"银行存款"增加了250000元，同时使所有者权益类账户"实收资本"增加了250000元，因此，应分别记入"银行存款"账户的借方和"实收资本"账户的贷方。
>
> 【例3】企业用银行存款去偿还短期借款10000元。
>
> 这项经济业务使资产类账户"银行存款"减少了10000元，同时使负债类账户"短期借款"减少了10000元，因此，应分别记入"银行存款"账户的贷方和"短期借款"账户的借方。
>
> 【例4】企业因破产清算向投资者退还投资现金30000元。
>
> 这项经济业务使资产类账户"库存现金"减少了30000元，同时使所有者权益类账户"实收资本"减少了30000元，因此，应分别记入"库存现金"账户的贷方和"实收资本"账户的借方。
>
> 【例5】企业以银行存款购买机器设备一台，价值100000元。
>
> 这项经济业务使资产类账户"固定资产"增加了100000元，同时使资产类账户"银行存款"减少了100000元，因此，应分别记入"固定资产"账户的借方和"银行存款"账户的贷方。
>
> 【例6】企业将200000元短期借款转入长期借款。
>
> 这项经济业务使负债类账户"短期借款"减少了200000元，同时使负债类账户"长期借款"增加了200000元，因此，应分别记入"短期借款"账户的借方和"长期借款"账户的贷方。

【例7】某企业年终计算出应付给投资者的利润为120000元。

这项经济业务使负债类账户"应付利润"增加了120000元，同时使所有者权益类账户"本年利润"减少了120000元，因此，应分别记入"应付利润"账户的贷方和"利润分配"账户的借方（在会计上，由于管理的需要，本年利润的减少在"利润分配"账户中用借方表示）。

【例8】某企业将所欠贷款200000元转作投入资本。

这项经济业务使负债类账户"应付账款"减少了200000元，同时使所有者权益类账户"实收资本"增加了200000元，因此，应分别记入"应付账款"账户的借方和"实收资本"账户的贷方。

由上述实例可以知道，企业经济业务的变化多种多样，但不论在哪种情况下，经济业务的发生一方面必须记入有关账户的借方，另一方面必须记入有关账户的贷方，而且所记借方的金额与所记贷方的金额必然相等。为此，可以把借贷记账法的记账规则概括为"有借必有贷，借贷必相等"。借贷记账法的这一记账规则，适用于每一项经济业务。

第三章　会计科目设置：基于会计准则来做账

小微企业建账实操

企业建账可分为两种情况，一是新企业建账，二是老企业建账。按《中华人民共和国公司法》《中华人民共和国会计法》《中华人民共和国税收征收管理法》等法律法规的规定，企业在成立后即应建账建制。例如，《中华人民共和国会计法》规定："各单位必须依法设置会计账簿，并保证其真实、完整。"

因此，每家企业在成立之初都会面临一个问题：建账。

什么是建账？建账就是企业根据本身具体的行业要求和将来可能会发生的会计业务情况，设置所需要的账簿和会计科目，然后对已有的资产和负债进行盘点估值入账，再按业务情况逐笔记账。

会计账簿是记录会计核算过程和结果的载体。设置会计账簿，是企业会计工作得以开展的基础环节。设置并有效利用会计账簿，才能进行会计资料的收集、整理、加工、存储和提供等工作，才能连续、系统、全面、综合地反映企业的财务状况和经营成果，才能通过会计账簿所提供的信息来揭示经济活动中存在的问题，寻找改善经营管理的对策。

依法建账，在我国会计工作实际中是一个比较薄弱的环节。由于依法经营的法治意识淡薄，一些企业不建账，或者设账外账、私设"小金库"、造假账等，以达到某种非法目的，不仅干扰了社会经济秩序，为法律所不允许，而且也给企业带来严重的财务风险。因此，务必认真对待建账问题，不仅要依法建账，而且要确保会计账簿的合规合法。

1. 建账的考虑因素

不论何种类型、何种规模的企业，建账时都要结合以下要点：

第一，符合企业业务量。

通常，企业规模与业务量是成正比的，企业规模大，业务量也大，分工也复杂，会计账簿需要的品种也多；企业规模小，业务量也小，会计账簿需要的品种也少。对于一些小微企业，一个会计人员可以处理所有经济业务，就没有必要设许多账，所有的明细账合成一两本即可。

第二，符合企业管理需要。

建立账簿是为了满足企业管理需要，为管理提供有用的会计信息，所以在建账时以满足管理需要为前提，避免重复设账、记账。

第三，符合账务处理程序。

企业业务量大小不同，所采用的账务处理程序也不同。企业一旦选择了账务处理程序，也就选择了账簿的类型。如果企业采用的是记账凭证账务处理程序，企业的总账就要根据记账凭证序时登记，会计人员就要准备一本序时登记的总账。

不同的企业在建账时所需设置的账簿是不同的，总体讲要依企业规模的大小、经济业务的繁简、会计人员的多少、采用的核算形式及记账的电子化程度来确定。但无论何种企业，都存在货币资金核算问题，都必须设置现金日记账和银行存款日记账。另外，还需设置相关的总账和明细账。

2. 企业如何选择账簿

不同的企业所需的账簿是不同的。但不管账簿的格式如何，从其所起的作用看，大致可分为四类：

第一，序时账簿。这是指现金日记账、银行存款日记账和转账日记账。

第二，分类账簿。这包括总分类账簿和明细分类账簿。

第三，序时与分类相结合的联合账簿。这是指既序时记录又分类记录，既是日记账又是总账的账簿，如日记总账。

第四，备查账簿。这是记录非本企业资产或其他重要事项的账簿。

会计账簿按外表形式分，有订本式、活页式、卡片式三种。订本式账簿可防止账面散失和随意抽换；活页式账簿可视经济业务的多寡随时增添账页或抽取多余的空白账页，避免浪费；卡片式账簿具备活页式账簿的优点，但容易散失，必须严加管理。

究竟应设计和使用何种账簿，要视企业规模的大小、经济业务的繁简、会计人员的多少、采用的核算形式以及记账的电子化程度等因素而定。小微企业可选择的账簿如表3-1所示。

表3-1 小微企业账簿体系

企业特点	核算形式	账簿体系
小微企业（小规模纳税人）	记账凭证核算形式	现金日记账、银行存款日记账，固定资产、收入和费用、存货、往来明细账，总账，备查账簿
	日记总账核算形式	现金日记账、银行存款日记账，日记总账，固定资产、收入和费用、存货、往来明细账

3. 建账的基本程序

会计人员应根据核算工作的需要设置应用账簿，建账基本程序如下：

第一，按照需用的各种账簿的格式要求，预备各种账页，并将活页的账页用账夹装订成册。

第二，在账簿启用表上，写明单位名称、账簿名称、账簿册数、账簿编号、账簿页数、启用日期以及记账人员和会计主管人员姓名，并加盖人名章和单位公章。记账人员或会计主管人员在本年度调动工作时，应注明交接日期、接管人员和监交人员姓名，并由交接双方签名或盖章，以明确经济责任。

第三，按照会计科目表的顺序、名称，在总账账页上建立总账账户，并根据总账账户明细核算的要求，在各个所属明细账户上建立二级、三级明细账户。原有单位在年度开始建立各级账户的同时，应将上年账户余额结转过来。

第四，使用订本式账簿，应从第一页起到最后一页止，按顺序编定号码，不得跳页、缺号；使用活页式账簿，应按账户顺序编定本户页次号码。各账户编列号码后，应填账户目录，将账户名称页次登入目录内，并粘贴索引纸（账户标签），写明账户名称，以便检索。

第四章

财务处理规范：小微企业的财务处理

现金、应收账款、存货、成本、预算管理是小微企业最重要的财务管理工作，其目标是确保企业短期资金的充足性，遏制坏账风险，保证存货的流通性和进行成本管理与控制。对企业的经济活动进行计划、控制和监督，是企业发展和利润增长的重要保障。

小微企业的会计核算流程

会计核算是以货币为计量单位，运用会计方法，对经济活动进行连续、系统、全面的记录、分类、汇总、分析，形成会计信息，为决策提供依据的一项会计活动。会计核算是会计的一项基本职能，是会计工作的核心和重点。

现在企业会计核算普遍使用财务软件，工作得以简化，但是作为专业财务人员，还是需要了解账务处理的完整流程。

1. 收集、审核原始凭证

什么是原始凭证？原始凭证是指在经济业务发生或完成时取得或填制的，用以记录和证明经济业务的发生或完成情况的原始证据。原始凭证其实就是证明经济业务发生的一个依据，是会计核算的原始资料。原始凭证分为外来原始凭证和自制原始凭证。举例来说，采购部门采购原材料后拿到财务部门报账的采购发票，业务部门出差回来报销的火车票，这些就属于外来原始凭证，是从外单位取得的，以证明经济业务发生。企业内部的领料单、入库单、员工借款单，是企业内部填制的，以证明某项经济业务发生，属于自制原始凭证。

业务部门将原始凭证交到会计人员手中，会计人员就需要按照相关规定，审核原始凭证是否合乎入账手续并分类。

如果是发票，要检查发票是否有税务监制章，然后检查以下四点：

第一，大小写金额是否一致，与剪口处是否相符。

第二，是否有相关人员的签名。

第三，付款单位的名称、填制凭证的日期、经济业务内容、数量、单位、金额等要素是否完备。

第四，是否有开票单位的签章。

2. 编制、审核记账凭证

原始凭证审核没问题后，会计人员就可以根据原始凭证进行记账凭证的编制。记账凭证是会计人员根据审核无误的原始凭证填制的、可以作为记账依据的会计凭证。记账凭证记载了反映经济业务内容的会计分录，指明了经济业务应记入的账户名称、应记方向以及应记金额。通常，记账凭证还附有相关的原始凭证及附件。

记账凭证编制完成后，会计人员还要对其进行严格的审核，一旦出现错误，须按照相应的规定进行修改。

3. 登记会计账簿

记账凭证通过审核后，会计人员接下来的工作就是登记会计账簿，就是常说的记账。会计的原始凭证、记账凭证对经济业务的反映是零散而片面的，而会计账簿能将会计凭证上所记录的经济业务信息归类，对经济业务进行更加连续、系统、全面的反映。《会计法》规定，各单位必须依法设置会计账簿。

会计人员要先按照时间顺序给记账凭证编号，再根据记账凭证上的会计科目，将信息逐笔登记到对应的账簿上。

账簿中只有现金日记账和银行存款日记账要做到日清月结，现金账的余额要和库存也就是保险柜中的现金数目核对，银行账的余额要和银行对账单定期核对，其他的明细账每个月结一次即可。

4. 账簿核对与账簿结转

在登记完账簿之后，会计人员需要核对各类账簿记录。账簿结转是指会计人员结算出一段时间内的发生额和余额，然后将余额结转下期或转入新账。实操中通常会使用会计软件，账簿核对与结转环节得到了有效的精简和优化。

5. 编制财务报表

到了月末，记完账之后就要进行结账，结账后就可以编制财务报表。财务报表不仅是对会计工作的总体呈现，更是企业进行财务管理的重要参照。财务报表包括资产负债表、利润表、现金流量表、所有者权益变动表、账务报表附注五个部分。

6. 核算税金

会计核算需要核算税金，根据实际的税率及收入、成本等情况，对应缴纳的税额及税种等进行核算。

7. 年度结转

核算税金完毕后，需要准备年度结转，将本年度的损益结转到下一年度的利润表上，以清算本年度的收入、成本和利润。

8. 决算核对

最后一步决算核对，即将决算结果与本年度实际收支进行核对，以确保本年度会计核算无误。

以上是会计核算的基本流程，会计核算也有其他相关的操作，比如会计复核、审计核查等，这些操作有助于确保会计数据的准确性、可靠性和完整性。此外，随着财务会计制度的完善，以及会计核算技术的发展，新的会计核算方法也会出现，比如数据可视化核算等。

第四章 财务处理规范：小微企业的财务处理

现金管理：管好企业的"钱袋子"

现金是指存放于企业财会部门、由出纳人员经管的货币，包括人民币现金和外币现金。现金是企业流动性最强的一种货币资产。

现金是企业的血液，一家运营状况良好的企业，要有稳定的现金流作为保障。很多小微企业面临的最大问题就是现金短缺，现金流不通畅，导致企业经营面临严重挑战。

企业日常的经营、投资、筹资活动都离不开现金流，对现金流的管理是企业最为重要的一项管理活动。从某种程度上讲，现金流比利润更重要。

企业现金流主要有三大来源：

第一，经营活动产生的现金流，主要包括销售商品、提供劳务所收到的现金，购买商品、接受劳务所支付的现金，支付的税费，收到的税费返还。

第二，投资活动产生的现金流，主要包括收回投资所收到的现金，取得投资收益所收到的现金，处置固定资产、无形资产和其他非流动资产所收回的现金净额，收到的其他与投资活动有关的现金，购建固定资产、无形资产和其他非流动资产所支付的现金，投资所支付的现金，支付的其他与投资活动有关的现金。

第三，筹资活动产生的现金流，主要包括吸收投资所收到的现金，取得借款所收到的现金，收到的其他与筹资活动有关的现金，偿还债务所支付的现金，分配股利、利润或偿付利息所支付的现金，支付的其他与筹资活动有关的现金。

企业应在国务院发布的《现金管理暂行条例》规定的范围内使用现金，并遵守有关库存现金限额规定。根据《现金管理暂行条例》的规定，开户单位可以在下列范围内使用现金：

（1）职工工资、津贴。

（2）个人劳务报酬。

（3）根据国家规定颁发给个人的科学技术、文化艺术、体育等各种奖金。

（4）各种劳保、福利费用以及国家规定的对个人的其他支出。

（5）向个人收购农副产品和其他物资的价款。

（6）出差人员必须随身携带的差旅费。

（7）结算起点以下的零星支出。

（8）中国人民银行确定需要支付现金的其他支出。

企业与其他单位的经济往来，除在规定的范围内可以使用现金外，应当通过银行进行转账结算。

1. 现金收支业务

企业在办理有关现金收支业务时，应当遵循下列规定：

（1）企业现金收入应于当日送存开户银行。当日送存确有困难的，由开户银行确定送存时间。

（2）企业支付现金，可以从本企业库存现金限额中支付或从开户银行提取，不得坐支现金。因特殊情况需要坐支现金的企业，应事先报经开户银行审查批准，由开户银行核定坐支范围和限额。企业应当定期向银行报送坐支金额和使用情况。

（3）企业从开户银行提取现金，应当写明用途，由本企业财会部门负责人签字盖章，经开户银行审核后，予以支付现金。

（4）企业因采购地点不固定、交通不便以及其他特殊情况必须使用现金的，应向开户银行提出申请，由本企业财会部门负责人签字盖章，经开户银行审核后，予以支付现金。

此外，企业不得"白条顶库"，不准谎报用途套取现金，不准用银行账户代其他单位和个人存入或支取现金，不得公款私存，不得设置"小金库"等。

2. 库存现金限额

为了保证企业日常开支的需要，企业可以留存一定的现金，留存的最高数额，就是企业的库存现金限额。这一限额一般由开户银行根据企业的实际情况加以核定，一般按照企业3~5天的日常开支额确定，边远地区和交通不便地区的企业，其库存现金限额的核定天数可多于5天，但不得超过15天。

对于核定后的库存现金限额，企业必须严格遵守，超过限额部分的现金应于当日终了前送存银行。企业因情况变化，需要增加或减少库存现金限额，应向开户银行提出申请，由开户银行核定。

3. 现金业务的账务处理

企业应设置现金总分类账户，核算企业发生的现金收支业务。同时，为了加强对现金的管理，随时掌握现金的收支动态和库存余额，企业必须设置现金日记账，按照现金业务发生的先后顺序进行序时登记。企业每次办理完收付款业务应及时结出账面余额，每日终了时将账面余额与库存现金数核对，月末与现金总账核对，做到账款相符、账账相符。

企业发生的现金收支业务，应根据审核后的原始凭证编制记账凭证。收到现金时，借记现金科目，贷记销售收入、其他业务收入等科目；支出现金时，贷记现金科目，借记应付工资、管理费用等科目。这里需要明确的一点是，从银行提取现金的业务，一般不编制现金收款凭证，而是直接编制银行存款付款凭证；将现金送存银行的业务，则只编制现金付款凭证，而不编制银行存款收款凭证。也就是说，对于现金和银行存款之间的业务，只编制付款凭证，而不编制收款凭证。以下面案例来说明。

案例

某企业2022年10月12日发生下列现金收支业务：

①销售产品货款3000元，增值税税款30元（按1%的优惠税率），共计收入现金3030元。

②当日从银行提取现金35000元，准备发放工资。

③销售部门业务员丁某出差，预借差旅费2000元。

④总经理办公室秘书王婵报销办公费用100元。

10月13日发生下列业务：

⑤用现金支付职工工资30000元。

⑥丁某出差归来，报销差旅费3050元。

⑦用现金支付本月电话费500元。

⑧收取职工李某因过失造成的赔款200元。

对于上述现金收支业务，企业财务部门可作如下账务处理：

①借：库存现金　3030
　　贷：产品销售收入　3000
　　　　应缴税金——应缴增值税（销项税额）　30

②借：库存现金　35000
　　贷：银行存款　35000

③借：其他应收款——丁某　2000
　　贷：库存现金　2000

④借：管理费用——总经理办公室　100
　　贷：库存现金　100

⑤借：应付工资　30000
　　贷：库存现金　30000

⑥借：销售费用　3050

>   贷：其他应收款——丁某　2000
>   库存现金　1050
> ⑦借：管理费用　500
>   贷：库存现金　500
> ⑧借：现金　200
>   贷：其他应收款——李某　200

企业财务部门在对上面的现金收支业务做好账务处理后，接下来就要登记企业的现金日记账。

4. 现金清查

为了保证企业的资产安全，确保账实相符，企业应按规定进行现金的清查。现金的清查一般包括两部分内容，即出纳人员每天进行的账款核对和企业财产清查时的定期或不定期清查。清查的方法一般为实物盘点法，对清查的结果应编制现金盘点报告单。清查中发生的短款或长款记入"其他应收款"或"其他应付款"科目；查明原因后，分情况处理，即属于记账差错的应及时予以更正，对无法查明原因的长款应记入"营业外收入"，由出纳人员失职造成的短款应由出纳人员赔偿。

应收账款：到账的钱才是钱

应收账款项目反映企业因销售商品、提供劳务等经营活动应向购买单位收取的各种款项，也可以说是企业开展主营业务时发生的应收款。

1. 资产负债表中应收账款项目数字的含义

资产负债表中的应收账款数额不是企业应收账款的实际数额，而是"应收账款"科目所属各明细科目的期末借方余额合计，减去"坏账准备"科目中对有关应收账款计提的坏账准备期末余额后的净额。根据《企业会计制度》的规定，企业应当定期或者至少于每年年度终了时，对各项应收账款进行全面检查，预计各项应收账款可能发生的坏账损失，并根据谨慎性原则的要求，对于没有把握收回的应收账款计提坏账准备，在资产负债表中以应收账款的抵减项目进行列示。

2. 国家对于应收账款管理的规定

因为应收账款是否能够按时、足额地收回，存在不确定性，所以对于企业应收账款的管理，国家作了相应的规定，企业必须严格遵照执行。

第一，坏账准备的提取方法。只能使用备抵法，可以在应收账款余额百分比法、账龄分析法和赊销百分比法中选择一种，一经确定，不得随意变更。

第二，坏账准备的提取范围。

（1）有确凿证据表明应收账款不能收回。例如，债务人死亡，以其遗产清偿后仍然无法收回；债务人破产，以其破产财产清偿后仍然无法收回；债务人较长时期内未履行偿债义务,并有足够的证据表明无法收回或收回的可能性极小。

(2)应收账款收回的可能性不大。如债务单位撤销、破产、资不抵债、现金流量严重不足、发生严重的自然灾害等导致停产而在短时间内无法偿付债务等,以及应收账款逾期3年以上。

第三,辩证地认识应收账款。应收账款的管理是企业管理的重点和难点,但是应收账款的管理不是要消灭应收账款,因为应收账款是商业竞争的必然产物。应收账款产生于赊销,赊销是商业竞争的五大手段之一。赊销的目的是扩大销售,增强竞争力,取得利润;赊销也可以看作企业为了扩大销售和盈利而进行的投资。投资必然有成本,盈利大于成本就可以赊销。但是,由于应收账款的产生使企业的再生产周转资金被购买方无偿占用,因而也要充分认识应收账款对企业的不良影响。例如,发生资金垫支损失,发生垫支资金的利息损失,发生垫支纳税(流转税、所得税)损失,发生收账费用(函件费、电话费、差旅费)损失,发生坏账损失等,最终还会导致企业利润不实、所有者权益不实。

3.会计中的其他应收款

其他应收款项目反映企业对其他单位和个人的应收和暂付的款项,也可以说是与企业主营业务无关的应收款。

第一,资产负债表中其他应收款项目数字的含义。

资产负债表中的其他应收款数额不是企业其他应收款的实际数额,而是"其他应收款"科目所属各明细科目的期末借方余额合计,减去"坏账准备"科目中对有关其他应收款计提的坏账准备期末余额后的净额。根据《企业会计制度》的规定,企业应当定期或者至少于每年年度终了时,对各项其他应收款进行全面检查,预计各项其他应收款可能发生的坏账损失,并根据谨慎性原则的要求,对不能收回的其他应收款计提坏账准备,在资产负债表中以其他应收款的抵减项目进行列示。

第二，其他应收款的管理。

其他应收款项目反映企业对其他单位和个人的应收和暂付的款项，如果企业生产经营活动正常，其他应收款的数额不应该接近或大于应收账款。但是有些企业的其他应收款数额很大，经营管理者或其他相关人员如果在阅读资产负债表时遇到这种情况，应该了解其背后隐含的原因，防止出现问题。

4. 应收账款的回收

应收账款发生后，企业应采取各种措施，尽量争取按期收回款项，否则会因拖欠时间过长而发生坏账，使企业蒙受损失。这些措施包括监督应收账款回收情况和制定适当的收账政策。

第一，监督应收账款回收情况。

企业已发生的应收账款时间有长有短，有的尚未超过收款期，有的则超过收款期。一般来讲，拖欠时间越长，款项收回的可能性越小，形成坏账的可能性越大。对此，企业应实施严密的监督，随时掌握应收账款收回情况。可以通过编制账龄分析表实施对应收账款收回情况的监督。

账龄分析表是一份能显示应收账款在外天数（账龄）长短的报告，其格式见表4-1。

表4-1 账龄分析（示例）

应收账款账龄	金额/万元	占比/%
信用期内	8	40
超过信用期1~20天	4	20
超过信用期21~40天	2	10
超过信用期41~60天	2	10
超过信用期61~80天	2	10
超过信用期81~100天	1	5
超过信用期100天以上	1	5
合计	20	100

利用账龄分析表，企业可以了解到以下情况：

其一，有多少欠款尚在信用期内。表4-1显示，有价值8万元的应收账款处在信用期内，占全部应收账款的40%。这些款项未到偿付期，欠款是正常的；但到期后能否收回，还要待时再定，故及时的监督仍是必要的。

其二，有多少欠款超过信用期，不同拖欠时间的款项各占多少，有多少欠款可能会因拖欠时间太久而成为坏账。表4-1显示，有价值12万元的应收账款已超过信用期，占全部应收账款的60%。其中，拖欠时间较短的（20天内）有4万元，占全部应收账款的20%，这部分欠款收回的可能性很大；拖欠时间较长的（21～100天）有7万元，占全部应收账款的35%，这部分欠款收回有一定难度；拖欠时间很长的（100天以上）有1万元，占全部应收账款的5%，这部分欠款有可能成为坏账。对不同拖欠时间的款项，企业应采取不同的收账方法，制定经济、可行的收账政策；对可能发生的坏账损失，则应提前作出准备，充分估计这一因素对损益的影响。

第二，制定适当的收账政策。

企业对不同账龄的应收账款的催收方式，包括准备为此付出的代价，就是它的收账政策。比如，对过期较短的账款，不过多打扰客户，以免将来失去这一客户；对过期稍长的账款，可措辞婉转地写信催款；对过期较长的账款，应频繁地使用信件向客户催款并电话催询；对过期很长的账款，可在催款时措辞严厉，必要时提请有关部门仲裁或提起诉讼等。

催收账款要发生费用，某些催款方式的费用还很高（如诉讼费）。一般来说，收账的花费越大，措施越有力，可收回的账款应越大，坏账损失就越小。因此，制定收账政策时需要在收账费用和所减少的坏账损失之间作出权衡。制定有效、得当的收账政策在很大程度上靠有关人员的经验，从财务管理的角度讲，也有一些数量化的方法可以参照。根据收账政策的优劣在于应收账款总成本是否最小化的道理，我们可以通过比较各收账政策成本的高低对其加以选择。

存货管理：管好企业的"后院"

库存是企业的"后院"，存货项目反映企业期末在库、在途和正在加工中的各项存货，包括在途物资、库存原材料、低值易耗品、在制产品、自制半成品、库存商品、包装物、分期收款发出商品、委托加工物资、委托代销商品、受托代销商品等。

1. 资产负债表中存货项目数字的含义

资产负债表中的存货数额不是企业库存物资的实际数额，而是存货项目下各科目的期末借方余额合计，减去"存货跌价准备"科目计提的期末余额后的净额。根据《企业会计制度》的规定，企业应当定期或者至少于每年年度终了时，对各项存货进行全面检查，预计各项存货可能发生的损失，对因遭受毁损、陈旧过时或销售价格低于成本等原因使存货成本不可收回的部分，计提存货跌价准备，并在资产负债表中以存货的抵减项目进行列示。

在明确存货项目数字的含义后，经营管理者应注意了解企业在存货跌价准备的提取方面是否符合《企业会计制度》的规定。因为，存货的跌价有两种处理要求：

第一，将存货账面价值全部转入当期损益。符合这种处理要求的存货状态包括：已霉烂变质；已过期且无转让价值；生产中已不再需要，并且已无使用价值和转让价值；足以证明存货已无使用价值和转让价值的其他情况。

第二，计提存货跌价准备。符合这种处理要求的存货状态包括：市场价格持续下跌，并且在可预见的未来无回升的希望；使用该项原材料生产的产品成本大于产品的销售价格；产品更新换代，原有库存原材料已不适应新产品的需要，而该原材料的市场价格低于其账面成本；企业提供的商品或劳务过时或消费者偏好的改变使市场的需求发生变化，从而导致市场价格逐渐下跌；其他足以证明该项存货实质上已经发生减值的情况。

2. 存货的管理

存货包括的内容多，占用的资金大，是企业流动资金管理的重点和难点。在管理中应充分重视三个问题：

第一，存货的追加成本。资产负债表中该项目的数字只是存货本身占用的资金，存货在储存过程中还会发生许多追加成本，进而影响企业的盈利水平。企业应通过控制存货的资金占用水平，减少费用支出，提高盈利能力。

第二，物流管理与资金流管理并重。通过强化物流管理促进资金的正常周转。

第三，保持存货的合理结构。有些存货是为生产储备的，有些是为销售储备的，应合理地确定其结构，保证企业再生产过程的顺利进行。

3. 存货周转率

在流动资产中，存货所占的比重较大。存货的流动性将直接影响企业资产的流动比率，因此要特别重视对存货的分析。存货的流动性一般用表示存货周转速度的存货周转率指标来反映。存货周转率的计算公式如下：

存货周转率（次数）=销售成本÷存货平均余额

存货平均余额=（期初存货+期末存货）÷2

存货周转期（天数）是指一定时期内存货平均周转一次所需要的天数，计算公式为：

存货周转期（天数）=计算期天数÷存货周转率（次数）=计算期天数×存货平均余额÷销售成本

在存货平均余额一定的条件下,存货周转率越高,表明企业的销售成本越高,产品销售的数量越多,企业的销售能力越强;反之,则表明销售能力越弱。企业要扩大产品销售数量,增强销售能力,就必须在原材料购进、生产过程投入、产品销售、现金回收等方面做好协调与衔接。存货周转率不仅可以反映企业的销售能力,而且能衡量企业的营运能力和存货管理水平。

存货周转率还可以衡量存货的储存是否适当,是否能保证生产不间断地进行和产品有秩序地销售。存货既不能过少,过少会造成停工待料、生产中断或合同误期、销售紧张;又不能过多,过多会造成资金浪费、存货积压。

在衡量存货周转率这个指标时,需要注意的是:过高的存货周转率有可能导致因存货不足而丧失销售收入。所以,存货周转率并不是越高越好,而是应当根据企业的实际情况具体分析。

第四章　财务处理规范：小微企业的财务处理

成本管理：盈利的起点

在企业的经济活动中，成本管理非常重要，但又常常被忽视。成本管理是企业增加盈利的基本途径，直接服务于企业的经营目的。

1. 成本的概念

成本的概念有两种：

第一，财务会计中使用的成本概念。

在财务会计中，成本是根据财务报表的需要定义的，由会计准则或会计制度来规范，因此可以称之为报表成本、制度成本或法定成本。注册会计师的主要业务之一是审计财务报表，准确理解财务会计中的成本含义有重要意义。

在财务会计中，成本是指取得资产或劳务的支出。例如，固定资产的成本是指取得该资产的买价、运输和保险等相关支出。

取得资产的方式可以分成两种：一种是企业从外部购置，另一种是企业自己生产。在外购场合下，资产的取得成本是买价加上有关支出的全部或部分，可称之为"购置成本"；在自产场合下，资产的取得成本是在生产经营过程中提供产品或劳务所发生的支出，包括生产成本、营业成本和管理成本等，可称之为"生产经营成本"。购置成本是对投入物的计价，而生产经营成本是对产出物的计价。

第二，管理会计中使用的成本概念。

管理会计是为企业管理服务的。它所使用的成本概念与管理学相同，可称之为"管理成本"。管理学信奉的原则是"不同目的需要不同意义的成本",因此在企业管理中使用多种成本信息。较为普遍的管理成本定义是"为了实现特定目标而失去或放弃的一项资源"。管理成本比报表成本的含义更广泛,它不一定需要支付货币,如机会成本,也不一定实际发生了耗费,如各种未来成本。

管理成本可以分成两大类:

(1)决策使用的成本。企业决策,如制定总体或长期规划、开发新产品、投资设备等,需要会计人员提供有关的内部非常规报告。这些报告要包含边际成本、增量成本、机会成本、资本成本等信息。决策使用的这些成本通常不记入账簿系统,其共同特征是属于"未来"成本,而记入账簿的成本是"过去"成本。

(2)日常计划和日常控制使用的成本。日常计划主要是指资源分配决策和定价决策,日常控制主要是指按责任中心比较预算成本与实际成本,它们都需要会计部门提供内部常规报告。这些报告要包含预算成本、目标成本、变动成本、差异成本和可控成本等信息。这些数据可以通过账簿系统处理,也可以在账外记录和加工。

管理用的成本数据,通常不受统一的财务会计制度约束,也不列入财务报表。但是,这并不意味着管理成本与注册会计师审计无关。事实上,许多企业的成本计算制度需要同时提供财务报表的成本数据和部分日常管理用的常规成本数据,是一个具有多重目标的综合系统,并因此增加了成本审计的复杂性。

2. 什么是成本会计

成本会计是会计的一个分支。在传统上成本会计是指采用复式记账方法,连续进行产品或劳务成本计算的会计程序和方法。成本计算可以在账外进行,也可以通过账簿系统进行。只有通过账簿系统对成本进行分类、记录、归集、分配和报告,才称为成本会计。

近年来,成本会计的重点已转向成本控制和为管理决策提供信息,需要进行大量的临时性专项成本计算和分析,这就使得成本会计的内容扩大到账簿系统之外的成本计算，从而包括了管理会计的核算内容。因此，通常将成本会计与管理会计合称为"成本和管理会计"。

3.成本计算制度

成本计算制度是指出于编制财务报表、进行日常计划和控制等不同目的所共同完成的一定的成本计算程序。

成本计算制度不是会计系统之外临时的和分散的成本统计、技术计算和调查分析，而是与财务会计系统有机结合在一起，周期性进行的常规成本计算，是有稳定程序的、制度化的成本计算。

成本计算制度中计算的成本种类与财务会计体系结合的方式不是唯一的。从总体上看，成本计算制度可以分为实际成本计算制度和标准成本计算制度两类：

第一，实际成本计算制度。实际成本计算制度是计算产品的实际成本，并将其纳入财务会计主要账簿体系的成本计算制度。在实际成本计算制度中，产品的实际成本成为资产负债表存货项目的计价依据，以及利润表主营业务成本项目的计价依据，从而与财务会计有机地结合起来。在成本管理需要时，可以在账外设定标准成本，并分析实际成本与标准成本的差异，作出成本分析报告。

第二，标准成本计算制度。标准成本计算制度是计算产品的标准成本，并将其纳入财务会计主要账簿体系的成本计算制度。在标准成本计算制度中，产品的标准成本和成本差异分别或合并后列入财务报表，与财务会计有机地结合起来。标准成本计算制度可以在需要时计算出实际成本，分析实际成本与标准成本的差异，并定期提供成本分析报告。

企业应根据自身成本计算的主要目的和具备的条件，采用实际成本计算制度或标准成本计算制度。

广义的成本计算，还包括成本计算制度之外为决策服务的特殊成本计算，如差额成本计算、资本成本计算等。

4. 成本控制

企业经营管理离不开两件事：

第一，提高收入。

第二，降低成本。

企业经营管理还有一个不容忽视的重要因素——成本控制。

如果说成本控制主要是管理问题，那么成本降低主要是技术方面的问题。成本降低的主要途径：

第一，通过开发新产品、改进现有产品的设计等方法提高产品的功能成本比值。

第二，采用先进的设备、工艺和材料。

第三，开展作业成本计算、作业成本管理和作业管理。作业成本计算是把成本更精确地分配到成本对象（即产品、服务和顾客）的程序，首要目的是提高盈利能力分析的科学性和有效性；作业成本管理是利用作业成本信息使销售的产品和提供的服务合理化，寻找改变作业与工序以提高生产力的机会；作业管理是把作业成本计算、作业成本管理和非成本问题管理（包括生产周期、产品质量、交货及时性和顾客满意度等）结合起来，以创造更多的价值。

第四，加强员工培训，提高技术水平，树立成本意识。

第四章　财务处理规范：小微企业的财务处理

预算管理：预则立，不预则废

现代会计形成了两大分支：

第一，财务会计。

财务会计是指以传统会计为主要内容，通过一定的程序和方法将企业生产经营活动中大量的、日常的业务数据，经过记录、分类和汇总，编制成会计报表，向企业外部与企业有利害关系的集团和个人提供企业经营成果、财务状况及其变动情况等信息的一个会计分支，故亦称"外部会计"。

第二，管理会计。

管理会计是指以强化企业内部经营管理，实现最佳经济效益为最终目标，以现代企业经营活动为对象，通过对财务会计、统计和其他有关信息的深加工和再利用，实现对经济过程的预测、决策、预算、控制、分析等职能的一个会计分支，故亦称"内部会计"。

管理会计与财务会计虽源于同一母体，且最终目标一致，但两者的区别非常明显。由于两者同出一根，它们之间又存在相互补充、相互渗透、相互依存、密不可分的联系。

从以上分支可以看出，预算不仅仅是财务部门的工作，做好预算管理能保障企业各部门的资金有效地流转和使用，从而更好地促进企业的发展。然而实践中很多中小企业都没有完善的预算管理制度，更多是凭感觉、经验来预估经营目标，缺乏数据支撑，不仅难以实现低成本运作，也很难实现企业预期的经营目标。

更有不少老板认为编制预算是财务部门的事情，企业预算就是财务预算。这也是一个认知误区。

事实上，预算管理不等于财务预算管理，预算管理的负责人也不一定是财务部门的负责人。企业的每一个部门、每一个管理者、每一项工作的责任人，都是预算的编制人。具体可根据企业规模，设立流程部门，甚至专门的预算管理机构，在企业内推进全面预算管理。

全面预算管理，应将企业的经营目标层层分解，下达至企业各个部门和下属单位，通过一系列的预算编制与执行、控制、检视、反馈、评价与考核工作建立一整套科学完整的指标、数据管理控制系统，通过全员参与、纵横沟通来实现企业全部业务的量化、细化，并对经营活动全过程的投入产出展开检视、控管，以绩效结果为导向进行评价与激励。

有效的预算管理可以通过对执行过程的实时管控，将实际完成情况与预算目标不断对照和分析，从而及时指导经营活动的调整和改善，以帮助老板更加有效地管理企业和最大限度地实现战略目标。

1. 预算编制的基本原则

企业预算编制的基本原则有五条：

第一，一致性原则。各级预算单位的预算管理工作要与企业总体目标保持高度一致，各级预算单位的预算都必须服从企业的近期经营目标和长期发展目标。

第二，分级预算原则。各级预算单位分别编制本级预算，然后由上级预算单位审核确定，按一级管理二级、二级管理三级等原则分级管理。

第三，全面预算原则。预算要全面和完整，具体包括损益预算、权益预算、现金预算三个部分。具体要求是：凡是影响目标利润的业务和事项，均应以货币或其他计量形式来具体加以反映，相关预算指标之间要相互衔接，勾稽关系要明确，以保证整个预算的综合平衡。

第四，实事求是原则。预算编制要根据企业实际情况，充分了解各项目标在实现过程中可能产生的变动因素，保证预算切实可行，充分发挥其指导和控制作用。

第五，不调整原则。财务预算经董事会确定后，通常不再进行调整，各级预算单位应按照预算严格执行，做好监控分析、考核奖惩。

2. 预算编制的参与主体

企业预算管理有两项职能，即管理决策和管理控制，不同职能对预算管理体系的设计有不同要求。为解决职能之间及部门之间的矛盾，在预算管理实践中要做好两方面工作：一方面，应当让各部门参与到预算的制定中来，提高预算的科学性和可操作性；另一方面，要让企业最高领导参与预算制定并拥有最后决策权，唯此才能从整个企业的大局出发，制定出切实可行的预算方案。

预算的制定应当是各参与方反复博弈的过程，在这个过程中，信息流动是多向的，也是反复的，直至达到一致。

3. 预算编制的基础

现行预算一般以年度为基础进行编制，这种编制方法即历年制。这种方法易于理解、便于业绩评价，但它没有充分的理论依据，因为企业的经营活动并不是以年度为周期的，企业的经营活动或成果在年度与年度之间并不存在明显的规律性。

历年制不适用于长期预算，因此应当用以企业周期（包括企业生命周期和产品生命周期）为预算编制基础的周期制来替代历年制。

周期制并不否定历年制，而是对历年制的完善，使之在发挥原有功能的基础上更加切实可行。

4. 预算编制的基本程序

企业编制预算，一般按照"上下结合、分级编制、逐级汇总"的程序进行。

第一，目标下达。董事会或总经理办公室根据企业发展战略和对预算期经济形势的初步预测，在决策的基础上提出下一年度企业预算目标，包括销售目标或营业目标、成本费用目标、利润目标和现金流量目标，并确定预算编制的政策，由企业预算管理委员会下达各预算执行单位。

第二，预算上报。各预算执行单位按照企业预算管理委员会下达的预算目标和政策，结合自身特点以及预算的执行条件，提出详细的本单位财务预算方案，上报企业财务部。

第三，预算审查。企业财务部对各预算执行单位上报的财务预算方案进行审查、汇总，提出综合平衡的建议。

第四，预算审批。企业财务部在有关预算执行单位修正调整的基础上，编制出企业预算方案，报企业预算管理委员会讨论。对不符合企业发展的事项进一步调整、修订。

第五，下达执行。一般在当年11月开始制定次年的预算，完成编制后分解成一系列的指标体系开始实施。

5. 预算管理的注意事项

第一，避免目标置换。预算目标从属于企业目标，但在企业活动中常会出现严格按预算规定，始终围绕预算目标，而忽视企业目标的状况。为了防止预算控制中出现目标置换，一方面应当使预算更好地体现企业目标的要求，另一方面应适当掌握预算控制力度，使预算具有一定的灵活性。

第二，避免过繁过细。如果预算对企业未来经营的每一个细节都作出具体的规定，会导致各职能部门缺乏应有的发挥空间，不可避免地影响企业运营效率。所以，预算并非越细越好。预算应细化到什么程度？必须联系对职能部门的授权程度进行认真酌定。过繁过细的预算会让授权名存实亡。

第三，避免因循守旧。预算制定通常采用基数法，即以历史的情况作为评判现在和未来的依据。这样职能部门就有可能故意增大日常支出，以便在以后年度中获得较高的预算支出标准。因此，必须采取有效的预算控制措施来避免这一现象，如通过详写报表内容、健全报表体系等方法减少人为因素，提高预算的精确性和科学性。

第四，避免一成不变。预算制定出来以后，预算执行者应当对预算进行管理，促进预算的实施，必要时可根据实际情况进行调整和修订。预算管理不能一成不变，要对预算进行定期检查，如果企业经营管理发生重大的变化，就应当调整预算或重新制定预算，以实现预期目标。

第五章

纳税申报实务：各项税费计算及申报

企业从开业登记领取税务登记证起，就产生了纳税义务，要计算税费和纳税申报。需要注意的是，小微企业既可以是小规模纳税人，也可以是一般纳税人。至于如何选择增值税纳税人身份，需要结合企业实际，具体问题具体分析。

小规模纳税人和一般纳税人的认定

增值税纳税人身份有两种，即小规模纳税人和一般纳税人。

新注册公司在办理税务登记的时候，税务人员都会问公司是选择小规模纳税人还是一般纳税人，此时很多不懂财税知识的创始人往往会一头雾水，不知道怎么选择。下面我们就看一下两者的主要区别和优势。

1. 小规模纳税人和一般纳税人的概念

第一，小规模纳税人（连续12个月的销售额在500万元及以下的公司叫"小规模纳税人"）。

小规模纳税人是指年应税销售额在规定标准以下，并且会计核算不健全，不能按规定报送有关税务资料的增值税纳税人。

根据《中华人民共和国增值税暂行条例》及《中华人民共和国增值税暂行条例实施细则》的规定，小规模纳税人的认定标准如下：

从事货物生产或者提供应税劳务的纳税人，以及以从事货物生产或者提供应税劳务为主，并兼营货物批发或者零售的纳税人，在连续12个月的经营期内应征增值税销售额（简称"应税销售额"）在500万元（含本数）以下的，认定为小规模纳税人身份（自2018年5月1日起，增值税小规模纳税人标准统一）。

第二，一般纳税人（连续12个月的销售额在500万元以上的公司叫"一般纳税人"）。

一般纳税人是指年应税销售额超过国务院财政、税务主管部门规定的小规模纳税人标准的企业和企业性单位。

2. 小规模纳税人和一般纳税人的区别

第一，认定条件不同。

自2018年5月1日起，增值税小规模纳税人的认定标准为年应税销售额在500万元及以下，相应地，年应税销售额在500万元以上的公司认定为一般纳税人。即一般纳税人的认定条件是年应税销售额在500万元以上（特殊情形除外），小规模纳税人的认定条件是年应税销售额在500万元及以下（特殊情形除外）。

第二，执行税率不同。

此处税率是指增值税税率。其中，一般纳税人适用0、6%、11%、13%、17%几档税率，小规模纳税人适用3%税率。

第三，纳税申报周期不同。

一般纳税人是按月进行纳税申报，而小规模纳税人一般是按季度进行纳税申报（例外情况：一些小规模纳税人也可申请按月纳税申报）。因为一般纳税人规模和收入通常较大，会计核算也较为健全，所以一般纳税人每个月都需要进行增值税纳税申报，而小规模纳税人只需要在每年的1月初、4月初、7月初和10月初按季度进行四次纳税申报即可。

第四，发票权限不同。

小规模纳税人销售货物时只能开具普通发票，无法开具增值税专用发票（只能由税务局代开）；一般纳税人销售货物既可开具增值税普通发票，也可自行开具增值税专用发票。

第五，是否能抵扣进项税。

小规模纳税人取得的增值税专用发票不能抵扣进项税，只能用作成本冲减所得税应纳税额；一般纳税人取得的销货方开具的增值税专用发票，可以作为当期进项税抵扣。

3.小规模纳税人和一般纳税人的优势

第一，小规模纳税人的优势如下：

（1）征税率比较低，按照3%计征增值税。

（2）月不含税收入低于10万元或季度不含税收入低于30万元，免征增值税及其附加税。

（3）如果小规模纳税人是按季度申报，申报次数比一般纳税人少。

第二，一般纳税人的优势如下：

（1）一般纳税人可以合理控制税负率及实缴税额。如果公司收到增值税专用发票，进项税额可以认证抵扣。

（2）一般纳税人税种多样化。只要是营业范围内的项目，都可以去税务局添加税种，按照不同税率计征。

（3）一般纳税人可以自行开具增值税普通发票和增值税专用发票，而小规模纳税人只能由税务局代开增值税专用发票。

（4）一般纳税人财务制度比较健全、规模比较大，与政府或正规大型企业合作的话，一般纳税人更具优势，因为客户更认可资质健全、规模较大的企业。

（5）一般纳税人年收入没有上限，而小规模纳税人年收入有上限（工业企业、商贸企业、服务企业均为500万元），一旦连续12个月的收入超过500万元就强制变为一般纳税人。

那么，就增值税而言，一般纳税人和小规模纳税人谁的纳税额更低呢？需要具体问题具体分析。下面看一个案例。

案例

假设某商品进货价为100000元，售价为200000元（含税价），一般纳税人和小规模纳税人的增值税应纳税额如下：

> 一般纳税人：
>
> 增值税应纳税额＝（200000÷1.17）×0.17-（100000÷1.17）×0.17＝29059.8-14529.9＝14529.9（元）
>
> 小规模纳税人：
>
> 增值税应纳税额＝（200000÷1.03）×0.03＝5825.2（元）
>
> 这种情形下，显然是小规模纳税人缴税较少。
>
> 换一个假设，如果该商品的进货价较高，达到180000元，则一般纳税人增值税应纳税额为：
>
> （200000÷1.17）×0.17-（180000÷1.17）×0.17＝2906（元）
>
> 由于可以进行进项税抵扣，这种情形下，一般纳税人的增值税应纳税额就比小规模纳税人少。

一般纳税人需要申请认定。新成立的公司，如果没有申请成为一般纳税人，就会被自动认定为小规模纳税人。如果企业收入超过小规模纳税人的认定标准，就会被强制认定为一般纳税人。企业一旦被认定为一般纳税人，将无法再转变为小规模纳税人。

初创企业或小微企业如果不确定自己的应税销售额，建议选择小规模纳税人，以便后期升级为一般纳税人。

4. 如何选择增值税纳税人身份

对于是选择小规模纳税人还是一般纳税人，可以结合以下几个判断标准来决策。

第一，看发展。

如果公司投资较大，发展前景向好，预计年销售收入很快突破500万元，就可以直接申请成为一般纳税人。如果公司规模较小，收入预期不高，则可选择小规模纳税人。近年来的国家税收政策对小规模纳税人很照顾，小规模纳税人能享受到不同程度的税收优惠政策。

第二，看客户。

如果企业服务的主要是大客户，且客户无法接受3%的征收率的增值税专用发票的话，则可以选择一般纳税人；如果企业客户主要为个人、个体工商户或小微企业的话，则可以选择小规模纳税人。

第三，看行业。

如果企业所处行业的增值税征收率为13%，且企业为轻资产运作模式，则可选择小规模纳税人，以降低税负，否则就选择一般纳税人。

第四，看抵扣。

如果企业的成本费用构成中取得增值税专用发票占比较高，进项税抵扣充分，通过测算估计后的增值税税负低于3%，最好选择一般纳税人，否则选择小规模纳税人。

企业所得税：查账征收和核定征收

想要了解企业所得税，首先必须掌握企业所得税的征收方式。选好征收方式，将对企业减税降费起到事半功倍的作用。

1. 查账征收与核定征收的概念

企业所得税征收方式有两种：查账征收和核定征收。

第一，查账征收是指纳税人在规定的纳税期限内根据自己的财务报表或经营情况向税务机关申报应纳税款，经税务机关审核后，由纳税人限期缴纳税款的方式。

第二，核定征收是指由税务机关根据纳税人情况，在正常生产经营条件下，对其生产的应税产品查实核定产量和销售额，然后依照税法规定的税率征收税款的方式。一般来说，只要不超过核定的额度，税务机关就不会查账，也就不会要求纳税人提供相关的成本费用发票。

核定征收方式有两种：

（1）定额征收：直接核定所得税税额。

（2）核定应税所得率征收：按照收入总额或成本费用等项目的实际发生额，按预先核定的应税所得率计算缴纳所得税。

从以上内容不难看出，核定征收其实是税务机关对个体工商户，或者个人独资企业这种税收制度不健全、没有专业会计人员的纳税人作出的一种简易征收税款的方式，这样的好处是降低个人创业的成本，有利于市场主体的发展和壮大。

2. 查账征收与核定征收的区别

查账征收与核定征收的区别主要体现在以下三点：

第一，适用性不同。

查账征收适用于财务制度健全，能准确核算收入、成本、费用的纳税人。

核定征收适用于财务制度不健全，不能准确核算收入、成本、费用的纳税人。

第二，核算水平不同。

适用查账征收的纳税人可以正确核算收入及成本费用等。

适用核定征收的纳税人只能合理计算和推定收入总额以及成本费用总额，适用于收入总额和成本费用总额均不能查实、合理计算和推定等情况。

第三，征收税率、计税基础、应税所得不同。

查账征收有明确的计算方式，在一定程度上算是定额征收，并且是以企业的利润为基础来计算对应的企业所得税。

企业应税所得=收入-成本-费用-税金-损失

查账征收的计税基础为利润，也就是说企业赚钱才需要缴纳企业所得税，企业亏损是不需要缴纳企业所得税的。当然也存在例外，如果企业的会计利润与税法规定的应纳税所得额偏差很大，即企业亏损了，企业的会计利润为负数，但按照税法规定调整后应纳税所得额为正数，企业还需要缴纳企业所得税。

核定征收的税率则需要根据企业的性质来核定。虽然不同行业的核定征收税率大不相同，但一般来说采用核定征收的税款要比采用查账征收的税款低；基本上是按企业取得的收入的一定比例来计算征收企业所得税。

企业应纳所得税额=收入总额×应税所得率×所得税税率

总之，核定征收是税务机关针对会计账簿不健全，且不能提供完整会计资料等的企业，根据企业的经营结果和行业水平，分别采用核定应税所得率和核定应税所得额的方法，来征收企业应纳税款。

3. 查账征收与核定征收哪种税负高

这个问题没有固定答案，主要取决于以下因素：

第一，企业利润率的高低。

如果企业利润率较高，实行核定征收就会少缴税（不考虑小微企业所得税优惠政策），否则就会多缴税。

案例

某企业经营收入100万元，成本费用40万元，流转环节税金10万元，利润率为40%，假如核定应税所得率为25%，则：

查账征收的企业所得税=（收入-成本费用-流转环节税金）×税率=（100-40-10）×25%=12.5（万元）

核定征收的企业所得税=收入×核定应税所得率×税率=100×25%×25%=6.25（万元）

两者相差6.25万元，核定征收税负更低，因为40%的企业利润率高于25%的核定应税所得率。

但是，如果企业利润率较低，甚至出现亏损（无须缴企业所得税），则核定征收税负更高。

第二，是否有小微企业税收优惠政策。

在当前税收优惠政策下，上述案例中，如果企业采取查账征收，则企业所得税税率为5%，应纳企业所得税为：（100-40-10）×5%=2.5（万元），显然税负更低。

第三，是否有核定征收优惠政策。

例如，云南对个人独资贸易企业的核定征收优惠政策为：应税所得率为5%，核定征收率为0.3%，则上述案例中核定征收的企业所得税为：1000000×0.3%×5%=150（元），税负较低。

4. 核定征收怎么报税

纳税人实行核定征收方式的，按下列规定报税：

第一，纳税人在应纳所得税额尚未确定之前，可暂按上年度应纳所得税额的1/12或1/4预缴，或者按经主管税务机关认可的其他方法，按月或按季分期预缴。

第二，在应纳所得税额确定以后，减除当年已预缴的所得税税额，余额按剩余月份或季度均分，以此确定以后各月或各季的应纳税额，由纳税人按月或按季填写中华人民共和国企业所得税月（季）度预缴纳税申报表，在规定的纳税申报期限内进行纳税申报。

第三，年度终了后，纳税人在规定的时限内按照实际经营额或实际应纳税额向税务机关申报纳税。申报额超过核定经营额或应纳税额的，按申报额缴纳税款；申报额低于核定经营额或应纳税额的，按核定经营额或应纳税额缴纳税款。

应纳税所得额如何确定

应纳税所得额是指按照税法规定确定纳税人在一定期间所获得的所有应税收入减去在该纳税期间依法允许扣除的各种支出后的余额，是计算企业所得税税额的依据。

1. 收入总额的确定

纳税人的收入总额包括生产经营收入、财产转让收入、利息收入、租赁收入、特许权使用费收入、股息收入和其他收入（见表5-1）。

表5-1　收入总额包含项目

收入项目	描述
生产经营收入	纳税人从事主营业务活动所取得的收入，包括商品（产品）销售收入、劳务服务收入、营运收入、工程价款结算收入、工业性作业收入以及其他业务收入
财产转让收入	纳税人有偿转让各类财产取得的收入，包括转让固定资产、有价证券、股权以及其他财产而取得的收入
利息收入	纳税人购买各种债券等有价证券的利息、外单位欠款付给的利息以及其他利息收入
租赁收入	纳税人出租固定资产、包装物以及其他财产而取得的租金收入
特许权使用费收入	纳税人提供或者转让专利权、非专利技术、商标权、著作权以及其他特许权的使用权而取得的收入
股息收入	纳税人对外投资入股分得的股利、红利收入
其他收入	上述各项收入之外的一切收入，包括固定资产盘盈收入、罚款收入、因债权人缘故确实无法支付的应付款项、物资及现金的溢余收入、教育费附加返还款、包装物押金收入以及其他收入

2. 准予扣除的项目

在计算应纳税所得额时准予从收入中扣除的项目，是指与纳税人取得收入有关的成本、费用、税金和损失。

第一，成本。即生产、经营成本，是指纳税人为生产、经营商品和提供劳务等而发生的各项直接费用和各项间接费用。

第二，费用。即纳税人为生产、经营商品和提供劳务等而发生的销售（经营）费用、管理费用和财务费用。

第三，税金。即纳税人按规定缴纳的消费税、城市维护建设税、资源税、土地增值税等。

第四，损失。即纳税人在生产、经营过程中的各项营业外支出，已发生的经营亏损和投资损失以及其他损失。

3. 不予扣除的项目

在计算应纳税所得额时，下列项目不得从收入总额中扣除。

第一，资本性支出。这是指纳税人购置、建造固定资产，对外投资的支出。

第二，无形资产受让、开发支出。这是指不得直接扣除的纳税人购置或自行开发无形资产发生的费用。无形资产开发支出未形成资产的部分准予扣除。

第三，违法经营的罚款和被没收财物的损失。这是指纳税人生产、经营违反国家法律、法规和规章，被有关部门处以的罚款以及被没收财物的损失。

第四，各项税收的滞纳金、罚金和罚款。这是指纳税人违反税收法规被处以的滞纳金、罚金，以及违法经营罚款之外的各项罚款。

纳税人逾期归还银行贷款，银行按规定加收的罚息，不属于行政性罚款，允许在税前扣除。

第五，自然灾害或意外事故有赔偿的部分。这是指纳税人参加财产保险后，因遭受自然灾害或意外事故而由保险公司给予的赔偿。

第六，超过国家规定允许扣除的公益、救济性捐赠，以及非公益、救济性捐赠。纳税人的公益、救济性捐赠，在年度应纳税所得额3%（金融保险企业1.5%）以内的部分准予扣除，纳税人的非公益、救济性捐赠不得扣除。

第七，各种赞助支出。这是指各种非广告性质的赞助支出。

第八，与取得收入无关的其他各项支出。这是指与纳税人取得收入无关的各项支出，如担保支出、回扣支出、风险投资准备金支出等。

4. 工资薪金支出扣除标准

工资薪金支出是企业每一纳税年度支付给在本企业任职或与受雇的员工的所有现金形式或非现金形式的劳动报酬，包括基本工资、奖金、津贴、年终加薪、加班工资，以及与员工任职或者受雇有关的其他支出。

地区补贴、物价补贴和误餐补贴均应作为工资薪金支出。

纳税人实际发放工资薪金在计税工资标准以内的，可据实扣除；超过标准的部分，在计算应纳税所得额时不得扣除。

5. 职工工会经费、职工福利费、职工教育经费支出扣除标准

纳税人的职工工会经费、职工福利费、职工教育经费分别按计税工资总额的2%、14%、2.5%计算扣除。企业实际发放的工资总额高于其计税工资标准的，应按计税工资标准分别计算扣除；企业实际发放的工资总额低于其计税工资标准的，应按实际发放的工资总额分别计算扣除。

6. 小微企业所得税税额计算方法

首先，确定企业应纳税所得额。应纳税所得额等于企业当年的收入总额减去允许扣除的项目金额，包括成本、费用、税金和损失等。

其次，按照税法规定计算企业所得税税额。根据小微企业的优惠政策，对于小微企业年应纳税所得额低于300万元的部分，减按25%计入应纳税所得额，并按20%的税率缴纳企业所得税，企业实际税负就是5%。超过300万

元的部分，可以按照25%的税率计算所得税税额。

最后，按照规定的时间和程序进行申报和缴纳。企业应当在每年的3月1日至6月30日期间，向主管税务机关申报上一年度的所得税税额，并按照计算的数额缴纳税款。

需要注意的是，企业在计算所得税税额时，应当遵守税法规定，避免违法行为的发生。同时，企业也可以通过加强财务管理、合理规划税务等措施，降低所得税负担。

小规模纳税人税费核算和申报

小规模纳税人一般是指纳税额小于50万元（具体标准视地区而定）的企业。相比于一般纳税人而言，小规模纳税人的税费申报流程更为简便。以下是小规模纳税人每月税费核算和申报的注意事项和关键点。

1. 确定税种和税率

小规模纳税人需要先确定自己所属行业和应纳税种、税率，才能准确进行税费核算和申报。具体可以在国家税务总局网站上查找相关信息或者向当地税务局咨询。

小规模纳税人主要涉及三大税、城市维护建设税与印花税。

第一，三大税。

三大税包括增值税、企业所得税与个人所得税（见表5-2）。

表5-2 三大税比较

税种	一般纳税人	小规模纳税人
增值税（盈亏都要缴）	税率为6%、9%、13%	税率为3%（月度销售额10万元内免征）
企业所得税（赚了钱就要缴）	统一税率为25%，高新技术企业税率为15%	小微企业年利润300万元以内税率为5%，超出300万元的部分税率为25%
个人所得税（把钱从公司装入个人口袋要缴）	老板或股东分红税率为20%，发工资按照3%~45%的阶梯税率计算

第二，城市维护建设税。

小规模纳税人城市维护建设税依据纳税人应纳流转税额缴纳，其税率一般为7%（市区内）和5%（县城或镇）。

第三，印花税。

印花税是指对经济活动和经济往来中书立、领受具有法律效力的凭证的行为征收的一种税。小规模纳税人所需缴纳的印花税是对合同、凭证、书据、账簿及权利许可证等文件征收的税。根据相关法律法规，印花税的税率通常介于0.003%～1%之间，具体税率取决于转让合约项下转让的财产或者受让者的身份。此外，还可以根据不同的地方规定，提高或降低印花税税率。

2. 计算应纳税金额

应纳税金额=开票金额×税率。其中，开票金额=销售额或劳务报酬+应税服务、不动产和无形资产的开票额。小规模纳税人计算应纳税金额时可以采用累计抵扣法，即当月销售额与进项税额相减后所得的差额再按照预缴税率缴纳税费。

3. 填写申报表

第一，增值税申报。

小规模纳税人每月都需要填写增值税纳税申报表。填报时需要注意以下几点：

（1）认真核对销售额和税额填写是否准确。

（2）货物及劳务列填写销售额和相应的税额，而服务、不动产和无形资产列填写开票额和相应的税额。

（3）根据实际情况选择适用税率和抵扣数额。

（4）准确填写应税项目及享受优惠政策的相关信息。

另外，小规模纳税人若在经营过程中未产生税金，也可以进行增值税零申报。

第二，企业所得税申报。

企业所得税一般是按季申报，每季度结束之后次月15个工作日内申报。

第三，城市维护建设税申报。

如果小规模纳税人进行增值税零申报，那么，城市维护建设税也不需要缴纳，其纳税申报期限也为按季申报。

第四，印花税申报。

凡印花税纳税申报单位（包括小规模纳税人）均应按季进行申报，于每季度终了后10日内向当地税务局报送印花税纳税申报表或监督代售报告表。只办理税务注册登记的机关、团体、部队、学校等印花税纳税单位，可在次年1月底前到当地税务局申报上年印花税税款。

4.缴纳税费

小规模纳税人填写完申报表后需要按照规定的时间和方式缴纳税费。通常，纳税人需要在本月的15日前将税费缴至当地税务局指定的银行账户。同时，纳税人还需注意按照规定的时间和流程办理税务发票等相关手续。

总的来说，小规模纳税人的税费核算和申报相对较简单，但需要纳税人严格按照规定计算应纳税金额、填写申报表，并及时缴纳税费。如有疑问，建议向当地税务局咨询或查阅相关信息。

小微企业如何规范开具发票

发票是指在购销商品、提供或者接受服务以及从事其他经营活动中,开具、收取的收付款凭证。

简单来说,发票就是发生的成本、费用或收入的原始凭证。

对于公司来讲,发票是公司做账的依据,同时也是缴税的费用凭证;对于员工来讲,发票主要是用来报销的。

现行税制发票分为增值税专用发票和普通发票两大类。增值税专用发票是由国家税务总局监制设计印制的,只限于增值税一般纳税人领购使用。增值税专用发票既是纳税人反映经济活动的重要会计凭证,又是兼记销货方纳税义务和购货方进项税额的合法证明,还是增值税计算和管理中重要的决定性的合法的专用发票。普通发票是指纳税人使用的增值税专用发票以外的其他发票。

1. 增值税专用发票与普通发票的区别

增值税专用发票是我国为了推行新的增值税制度而使用的新型发票,与日常经营过程中所使用的普通发票相比,有以下区别:

第一,发票的印制要求不同。

根据《中华人民共和国税收征收管理法》第二十二条规定:增值税专用发票由国务院税务主管部门指定的企业印制;其他发票,按照国务院主管部门的规定,分别由省、自治区、直辖市国家税务局、地方税务局指定企业印制。未经前款规定的税务机关指定,不得印制发票。

第二,发票的作用不同。

增值税专用发票既是购销双方的收付款凭证，也可以用作购买方（增值税一般纳税人）抵扣进项税的凭证，既具有商事凭证的作用，也具有完税凭证的作用。

普通发票主要用于记录购销商品、提供或接受服务以及从事其他经营活动的收付款情况，不具备抵扣进项税的功能。

第三，发票的内容不同。

增值税专用发票除了具备购买单位、销售单位、商品或者服务的名称、商品或者服务的数量和计量单位、单价和价款、开票单位、收款人、开票日期等普通发票所具备的内容外，还包括纳税人税务登记号、不含增值税金额、适用税率、增值税应纳税额等内容。

第四，发票的联次不同。

增值税专用发票有四联次和七联次两种（不含存根联则为三联次和六联次），第一联为存根联（用于留存备查），第二联为发票联（用于购买方记账），第三联为抵扣联（用作购买方扣税凭证），第四联为记账联（用于销售方记账），七联次的其他三联为备用联，分别作为企业出门证、检查和仓库留存用；普通发票则只有三联，第一联为存根联，第二联为发票联，第三联为记账联。

第五，发票的作用不同。

增值税专用发票不仅是购销双方的收付款凭证，而且可以用作购买方扣除增值税的凭证；而普通发票除农产品发票、通行费发票、国内旅客运输发票按法定税率作抵扣外，其他的一律不予作抵扣用。

2. 小微企业如何开具普通发票

小微企业如需开具普通发票，需要向税务局申请领购，普通发票应凭借发票领购簿领取。办理发票领购簿需要以下资料：税务登记证副本及复印件、经办人身份证及复印件、领购发票申请表、工商营业执照副本及复印件、财务专用章及发票专用章印模、税务机关要求的其他资料。

一般情况下，企业刚开始领用的发票数量是25张，若不够用，可申请增量或增版。

如果小微企业是小规模纳税人，在销售货物时就只能开具普通发票，普通发票是不能抵扣进项税额的。

与一般纳税人不同，小规模纳税人适用简易计税方法，直接以销售额乘以征收率计算应纳税额，不得抵扣进项税额。也就是说，小规模纳税人不存在免税、征税项目间的进项税额调节问题。所以，相较于一般纳税人而言，小规模纳税人在征免税管理、发票开具等方面，政策规定相对宽松。主要表现在，小规模纳税人可根据实际业务需要，逐笔选择是否适用减免增值税政策，给了小规模纳税人充分的自由选择权，以灵活应对市场需要。具体到发票开具上，小规模纳税人可根据征免税政策和购买方要求，自行选择开具3%或1%征收率或征收率栏标注"免税"的发票。

3. 小微企业如何开具增值税专用发票

根据国家税务总局2024年的新规，小微企业不论是一般纳税人还是小规模纳税人，在发生增值税应税行为、需要开具增值税专用发票的时候都可以自行开具。当然，视企业实际情况也可以选择通过税务局代开增值税专用发票。

4. 不得开具增值税专用发票的情况

增值税专用发票最重要的特点是可以用于抵扣增值税。以一般纳税人向供应商采购原材料为例，纳税人可以凭借供应商开具的增值税专用发票抵扣进项税额，应纳税额=销项税额–进项税额。在不得开具增值税专用发票的情况下，采购方一般不得抵扣进项税额。不得开具增值税专用发票的情况见表5-3。

表5-3 不得开具增值税专用发票的情况

类别	详情
同个人相关的项目	（1）向消费者个人销售货物、劳务、服务、无形资产以及不动产，不得开具增值税专用发票。 （2）其他个人不得申请代开增值税专用发票（自然人出租、销售不动产且承租方、购买方不是自然人的除外）
同出口、免税、不征税相关的项目	（1）适用免征增值税项目不得开具增值税专用发票。（国有粮食购销企业销售免税农产品除外） （2）实行增值税退（免）税办法的增值税零税率应税服务，不得开具增值税专用发票。 （3）不征收增值税项目不得开具增值税专用发票。 （4）用于出口项目不得开具增值税专用发票（特别说明：出口货物劳务除输入特殊区域的水电气外，出口企业和其他单位不得开具增值税专用发票）
商业企业发生的应税项目	（1）商业企业一般纳税人零售烟、酒、食品、服装、鞋帽（不包括劳保专用部分）、化妆品等消费品，不得开具增值税专用发票。 （2）商业企业向供货方收取的各种收入，一律不得开具增值税专用发票
同差额征税相关的项目	（1）金融商品转让，以卖出价扣除买入价后的余额为销售额。金融商品转让不得开具增值税专用发票。 （2）经纪代理服务，以取得的全部价款和价外费用扣除向委托方收取并代为支付的政府性基金或者行政事业性收费后的余额为销售额。向委托方收取的政府性基金或者行政事业性收费，不得开具增值税专用发票。 （3）有形动产融资性售后回租服务，以取得的全部价款和价外费用扣除支付的借款利息（包括外汇借款和人民币借款利息）、发行债券利息和车辆购置税后的余额为销售额。向承租方收取的有形动产价款本金，不得开具增值税专用发票，可以开具普通发票。 （4）旅游服务，可以选择以取得的全部价款和价外费用扣除向旅游服务购买方收取并支付给其他单位或者个人的住宿费、餐饮费、交通费、签证费、门票费和支付给其他接团旅游企业的旅游费用后的余额为销售额。 选择差额方式计算销售额的纳税人，向旅游服务购买方收取并支付的上述费用，不得开具增值税专用发票，可以开具普通发票。

续表

类别	详情
同差额征税相关的项目	（5）劳务派遣服务，可以选择差额征税方式，以收取的全部款项和价外费用扣除代用工单位支付的工资、社保、福利费后的差额为销售额，使用5%的征收率，采用简易计税方式。选择差额征税的，扣除部分不得开具增值税专用发票，可以开具普通发票。 （6）安全保护服务，选择差额纳税方式的，扣除部分不得开具增值税专用发票
核算不健全的企业	（1）一般纳税人会计核算不健全，或者不能提供准确税务资料的，不得开具增值税专用发票。 （2）应当办理一般纳税人资格登记而未办理的，按销售额依照增值税税率计算应纳税额，不得抵扣进项税额，也不得开具增值税专用发票

第五章 纳税申报实务：各项税费计算及申报

小微企业差额征税如何填报

所谓差额征税，是指以差额作为销售额，计算缴纳增值税，即纳税人以实际取得的全部价款和价外费用扣除支付给其他纳税人的规定项目金额后的余额为销售额，计算缴纳增值税。

差额征税是营改增后为了解决那些无法通过增值税进项发票抵扣来避免重复征税的项目而采取的一种计税方法。

差额征税主要适用于金融商品转让、旅游服务、航空运输服务、经纪代理服务、客运场站服务、劳务派遣服务、人力资源外包服务、融资租赁服务、融资性售后回租服务、建筑服务以及房地产企业销售房地产项目等。差额征税在税法处理角度上，实际上是把扣税转换为扣额，即从销售额中把允许扣除的金额扣除掉，以差额来计算销项税额。

1. 差额征税的计算方法

差额征税是一种特殊的征税方式，其计算公式为：

应纳税额=差额扣除后不含税销售额×征收率

其中，差额扣除后不含税销售额=差额扣除后含税销售额÷（1+征收率），而差额扣除后本期含税销售额=全部含税收入－本期差额扣除金额。以下面案例来说明。

> **案例**
>
> 　　某小规模纳税人在2022年第一季度提供劳务派遣服务，取得含税销售收入21万元，开具普通发票，代用工单位支付给劳务派遣员工的工资、福利和为其办理的社会保险费及住房公积金共计10.5万元，并根据增值税管理规定取得合法差额扣除凭证（征收率为5%）。
>
> 　　正常情况下该纳税人增值税应纳税额计算如下：
> 　　该纳税人本期允许差额扣除金额=10.5（万元）
> 　　差额扣除后含税销售额=21−10.5=10.5（万元）
> 　　本期增值税应纳税额=[10.5÷（1+5%）]×5%=0.5（万元）

2. 差额征税申报表的填写

第一，申报期限：每月或每季度15日前。

第二，申报表格：增值税纳税申报表及其附列资料。

第三，注意事项。

在填写申报表时，纳税人需要将差额扣除项目填入相应的栏目中。具体如何填写，需要根据差额征税的具体项目来确定。

（1）在主表中，纳税人需要填报本期经营的整体情况和计算本期应缴纳的增值税税额。对于差额征税的项目，需要将差额扣除前的不含税销售额填入相应的栏目中。

（2）在增值税纳税申报表附列资料（一）中，纳税人需填报本期的销售情况。对于差额征税的项目，需要以卖出价扣除买入价后的余额为销售额进行填报。

（3）对于金融商品转让等差额征税项目，则需要将其填入增值税纳税申报表附列资料（三）的相应栏目中。

3. 差额征税的会计处理

差额征税的会计处理要点见表5-4。

表5-4　差额征税的会计处理

项目	会计处理
销售货物	（1）实物流转方式：借记应收账款，贷记销售收入；借记销售成本，贷记库存商品。 （2）货权转移方式：借记应收账款，贷记销售收入；借记销售成本，贷记应付账款
提供劳务所得	（1）设备租赁、知识产权服务等成本相对较低的服务：借记应收账款，贷记劳务收入。 （2）人力资源服务等成本较高的服务：借记应收账款，贷记预收账款
进项税额	（1）已付款项的进项税额：借记进项税额，贷记应付账款。 （2）未付款项的进项税额：借记进项税额，贷记其他应付款
销项税额	借记应缴税金——销售税金，贷记销项税额

4. 差额征税如何开票

差额征税有些情况不得开具增值税专用发票（见表5-3），以下情况的差额部分则可以开具增值税专用发票。

第一，一般纳税人转让其2016年4月30日前取得（不含自建）的不动产，可以选择适用简易计税方法，以取得的全部价款和价外费用扣除不动产购置原价或者取得不动产时的作价后的余额为销售额，按照5%的征收率计算应纳税额。

第二，建筑服务预缴以及建筑服务简易计税可扣除支付的分包款。

第三，房地产开发企业中的一般纳税人销售其开发的房地产项目（选择简易计税方法的房地产老项目除外），以取得的全部价款和价外费用扣除受让土地时向政府部门支付的土地价款后的余额为销售额。

第四，符合规定的试点纳税人提供融资租赁服务，以取得的全部价款和价外费用扣除支付的借款利息（包括外汇借款利息和人民币借款利息）、发行债券利息和车辆购置税后的余额为销售额。

第五，符合规定的试点纳税人提供融资性售后回租服务，以取得的全部价款和价外费用（不含本金）扣除对外支付的借款利息（包括外汇借款利息和人民币借款利息）、发行债券利息后的余额为销售额。

第六，提供物业管理服务的纳税人，以向服务接受方收取的自来水水费扣除其对外支付的自来水水费后的余额为销售额，按照简易计税方法依3%的征收率计算缴纳增值税。

第七，纳税人转让其2016年4月30日前取得的土地使用权，可以选择适用简易计税方法，以取得的全部价款和价外费用扣除取得该土地使用权的原价后的余额为销售额，按照5%的征收率计算缴纳增值税。

第八，试点纳税人中的一般纳税人提供客运场站服务，以取得的全部价款和价外费用扣除支付给承运方运费后的余额为销售额。

第六章

财务报表解读：借助报表来管理企业

巴菲特曾指出："你必须了解财务报告，它是企业与外界交流的语言。"财务报表是评估一家企业财务状况的基本工具，也是反映企业经营状况的晴雨表。借助财务报表，并运用一定的分析方法和技术，能够对企业的经营状况和财务状况进行分析，不仅可以评价企业以往的经营业绩，衡量企业当下的财务状况，还可以预测企业未来的发展趋势。

财务报表的列报要求与作用

财务报表是企业根据会计准则的规定，对企业财务数据进行整理、分类和汇总，并以标准形式呈现的一种财务信息报告。

1. 财务报表的种类

财务报表主要包括资产负债表、利润表、现金流量表和所有者权益变动表等。

第一，资产负债表（Balance Sheet）。资产负债表反映企业在一定期间的资产、负债和所有者权益的情况，主要包括企业的资产部分、负债部分和所有者权益部分。编制资产负债表的目的是展示企业的财务状况和资金运作能力。

第二，利润表（Income Statement）。利润表反映企业在一定期间的收入、成本和利润的情况，主要包括收入部分、成本部分和利润部分。编制利润表的目的是展示企业的经营状况和盈利能力。

第三，现金流量表（Cash Flow Statement）。现金流量表反映企业在一定期间现金流入、流出的情况，主要包括经营活动、投资活动和筹资活动三部分。编制现金流量表的目的是展示企业的现金流动性和现金管理能力。

第四，所有者权益变动表（Statement of Change in Owners' Equity）。所有者权益变动表反映企业在一定期间所有者权益的变动情况，主要包括股本、资本公积、留存收益和其他综合收益等部分。编制所有者权益变动表的目的是展示企业的所有者权益变动情况和财务结构。

企业常用的财务报表是前三个。

2.财务报表列报的基本要求

根据《企业会计准则第30号——财务报表列报》第二章的规定,财务报表列报的基本要求有:

第一,企业应当以持续经营为基础,根据实际发生的交易和事项,按会计准则的规定进行确认和计量,在此基础上编制财务报表。企业不应以附注披露代替确认和计量,不恰当的确认和计量也不能通过充分披露相关会计政策而纠正。

第二,在编制财务报表的过程中,企业管理层应当利用所有可获得信息来评价企业自报告期末起至少12个月的持续经营能力。评价结果表明对持续经营能力产生重大怀疑的,企业应当在附注中披露导致对持续经营能力产生重大怀疑的因素以及企业拟采取的改善措施。

第三,企业如有近期获利经营的历史且有财务资源支持,则通常表明以持续经营为基础编制财务报表是合理的。企业正式决定或被迫在当期或将在下一个会计期间进行清算或停止营业的,企业应当采用其他基础编制财务报表,并在附注中对此进行声明。

第四,除现金流量表按照收付实现制原则编制外,企业应当按照权责发生制原则编制财务报表。

第五,财务报表项目的列报应当在各个会计期间保持一致,不得随意变更。性质或功能不同的项目,应当在财务报表中单独列报,但不具有重要性的项目除外。

第六,企业应当根据自身所处的具体环境,从项目的性质和金额两方面判断项目的重要性,判断标准一经确定,不得随意变更。

第七,财务报表中的资产项目和负债项目的金额、收入项目和费用项目的金额、直接计入当期利润的利得项目和损失项目的金额不得相互抵销,但其他会计准则另有规定的除外。

第八,当期财务报表的列报,至少应当提供所有列报项目上一个可比会计期间的比较数据,以及与理解当期财务报表相关的说明。财务报表的列报项目发生变更的，应当至少对可比会计期间的数据按照当期的列报要求进行调整，并在附注中披露调整的原因和性质，以及调整的各项目金额。

第九，企业应当在财务报表的显著位置至少披露编报企业的名称、资产负债表日或财务报表涵盖的会计期间、人民币金额单位，财务报表是合并财务报表的，应当予以标明。

第十，企业至少应当按年编制财务报表。年度财务报表涵盖的期间短于一年的，应当披露年度财务报表的涵盖期间、短于一年的原因以及报表数据不具可比性的事实。

第十一，《企业会计准则第30号——财务报表列报》规定在财务报表中单独列报的项目，应当单独列报。其他会计准则规定单独列报的项目，应当增加单独列报项目。

3. 财务报表的作用

财务报表是企业对内和对外沟通的一种通用会计语言，财务报表对于老板、企业决策者和管理者的作用体现在以下方面：

第一，更好地了解企业的运行状况。

企业财务人员通过对各部门提供的日常经营数据进行汇总和分析，制作相关的财务报表，让老板了解和掌握企业发展情况，对企业运营做好管控，优化资源配置。通过分析财务报表，老板能够正确地对企业的过去、当下、未来作出判断、评估、预测，准确而及时地把控企业的发展趋势。

第二，分析企业财税是否合规。

通过财务报表，老板及相关利益方可以检查、监督企业是否遵守国家的法律、法规和制度，是否存在财务违规、偷税漏税等行为。

第三，评估企业经营状况，改善管理水平。

财务报表能全面系统地揭示企业一定时期的财务状况、经营成果和现金流量，有利于老板了解各项任务指标的完成情况，评价员工的经营业绩，以便及时发现一些问题和苗头，从而调整经营方向，推出相应措施来改善企业的经营管理水平，提高效益。

第四，判断企业是否健康。

判断企业是否健康，财务指标是最直观的衡量标准，通过对财务报表的分析，老板能够判断企业财务状况是否健康，找出背后的具体原因，给出财务或者其他方面的对策。

老板要做到对企业财务状况和经营状况的充分管控，需要时刻关注以下问题：企业的负债状况如何？企业是否具有财务风险？企业是否具有偿债能力？企业的经营风险如何？企业是否面临财务困境或破产风险？

以上问题，财务报表都可以给出答案。

第五，提供事关企业经营的财务信息。

财务报表反映的财务信息主要是指营业收入、净利润、销售费用、经营性现金流量净额及其同比的增长率情况。

根据上述信息，可进一步作以下分析：

（1）分析净利润增长率是否大于营业收入增长率。

（2）分析销售费用增长率是否大于营业收入增长率，以判断企业业绩的可持续性。

（3）分析净利润是否与经营性现金流匹配。

（4）分析企业前五大客户是否稳定，是否存在依赖重大客户问题。

（5）分析前五大收入的产品是否有产品生命周期，是否存在稳定的贸易壁垒，是否有稳健的持续盈利动力，若没有，需分析是否有研发项目或专利为未来发展提供动力。

（6）分析非经常性损益占企业净利润比重，以判断企业是否依赖非经常性损益。

解读资产负债表

资产负债表也称财务状况表，是反映企业在一定时期内（通常为各会计期末）全部资产、负债和所有者权益情况的财务报表，是企业日常实际经营活动的一种静态信息体现。

从资产负债表（见表6-1）中不仅可以看出企业的偿债能力，还可通过对净资产的期末数与期初数的比较，计算出企业当年的利润数额，可以替代利润表的某些功能；也可通过对货币资金的期初、期末余额增减的比较，计算出企业当年的现金及现金等价物净增加额，这是现金流量表的功能。

表6-1 资产负债表（示例）

编制单位： 　　　　　　　　　　日期： 　　　　　　　　　单位：元

资产	行次	期末余额	期初余额	负债和所有者权益（股东权益）	行次	期末余额	期初余额
流动资产：				流动负债：			
货币资金				短期借款			
交易性金融资产				交易性金融负债			
应收票据				应付票据			
应收款项				应付款项			
预付款项				预收款项			
应收利息				应付职工薪酬			
应收股利				应缴税费			
其他应收款				应付利息			
存货				应付股利			
其中：消耗性生物资产				其他应付款			
一年内到期的非流动资产				一年内到期的非流动负债			
其他流动资产				其他流动负债			
流动资产合计				**流动负债合计**			

续表

资产	行次	期末余额	期初余额	负债和所有者权益（股东权益）	行次	期末余额	期初余额
非流动资产：				**非流动负债**			
可供出售金融资产				长期借款			
持有至到期投资				应付债券			
长期应收款				长期应付款			
长期股权投资				专项应付款			
投资性房地产				预计负债			
固定资产				递延所得税负债			
在建工程				其他非流动负债			
工程物资				**非流动负债合计**			
固定资产清理				**负债合计**			
生产性生物资产				**所有者权益（股东权益）：**			
油气资产				实收资本（股本）			
无形资产				资本公积			
开发支出				减：库存股			
商誉				盈余公积			
长期待摊费用				未分配利润			
递延所得税资产				所有者权益（股东权益）合计			
其他非流动资产							
非流动资产合计							
资产总计				负债和所有者权益（股东权益）总计			

1. 资产负债表所含项目

根据《小企业会计准则》，小微企业资产负债表应包含以下项目。

第一，资产负债表中的资产类至少应当单独列示反映下列信息的项目：

（1）货币资金。

（2）应收及预付款项。

（3）存货。

（4）长期股权投资。

（5）固定资产。

（6）生产性生物资产。

（7）无形资产。

（8）长期待摊费用。

其中，固定资产是指企业为生产产品、提供劳务、出租或经营管理而持有的使用寿命超过一个会计年度的有形资产。

价值几百元的资产算不算固定资产？办公桌椅可以算固定资产，同时也是低值易耗品。如果批量的办公桌椅合计金额大则可以以固定资产入账，每年计提折旧，但个别几百元的办公桌椅是可以一次性计入成本费用的。税法规定价值在5000元以下的固定资产可以费用化处置。

第二，资产负债表中的负债类至少应当单独列示反映下列信息的项目：

（1）短期借款。

（2）应付及预收款项。

（3）应付职工薪酬。

（4）应缴税费。

（5）应付利息。

（6）长期借款。

（7）长期应付款。

第三，资产负债表中的所有者权益类至少应当单独列示反映下列信息的项目：

（1）实收资本（股本）。

（2）资本公积。

（3）盈余公积。

（4）未分配利润。

第四，资产负债表中的资产类应当包括流动资产和非流动资产的合计项目；负债类应当包括流动负债、非流动负债的合计项目；所有者权益类应当包括所有者权益的合计项目。

资产负债表应当列示资产总计项目，负债和所有者权益总计项目。

2. 非财务人员如何解读资产负债表

非财务人员要读懂资产负债表其实很容易，资产负债表的左侧表示资金的去处，右侧则表示资金的来源。

通过负债与所有者权益项目金额的对比、期末与期初余额的对比，基本可以判断出企业的财务风险高低及其变化趋势；通过流动资产与非流动资产项目金额的对比、期末与期初余额的对比，基本可以判断出企业的经营风险高低及其变化趋势。

拿到资产负债表后，一看资金来源，二看资产分布，三是进行前后期对比分析，即可判断出企业财务风险与经营风险高低、资产资本结构是否合理。

第一，总资产怎么看？

总资产是企业实力的象征，总资产规模越大，代表企业掌握的资源越多。分析总资产要看趋势，即总资产是正增长还是负增长。如果是正增长，说明企业处于发展和扩张阶段，企业成长性向好；如果是负增长，则说明企业可能处于衰退阶段。

总资产并非越多越好，因为其中可能有很大一部分是负债，所以要结合负债率来理性看待总资产。

第二，固定资产怎么看？

固定资产是企业生产经营必要的场所或机器设备等。固定资产主要看其占总资产的比例，占比在50%以上属重资产企业，企业进行转型升级的代价会非常大，风险也会比较高；占比在50%以下则为轻资产企业，船小好掉头，能够轻装前进，风险较小。

第三，负债怎么看？

企业负债率太高有风险，负债率太低也并非好事，这说明企业的财务杠杆低。有些企业负债率高，主要是应付票据、应付账款和预收账款这类项目金额比较大，表示企业可以在一定期限内无偿使用供应商或者客户的钱，是企业资金利用效率高、竞争力强的表现。

以上讲的负债是无息负债，还有一类负债为有息负债，即需要还本付息的债务，是因企业的融资行为产生的债务，包括银行借款、应付债券、应付利息等。

有息负债总额=短期借款+一年内到期的非流动负债+长期借款+应付债券+长期应付款+应付利息。

要确保企业不发生债务危机，就要保证企业在一定期间内所持有货币资金的余额要大于负债的总额，避免出现资不抵债的情况。

总体而言，适度的负债是有必要的，负债率的安全线并没有固定的标准，要结合企业的成长性、所处行业、偿债能力来衡量。

第四，应收应付和预付预收怎么看？

应收，指的是应收票据和应收账款，就是应该收而还没有收到的钱，即企业把货发给了客户，还没有收到货款。

应付，指的是应付票据和应付账款，是企业应该付给供应商而还没有付的钱。

预付，指的是预付账款，即企业提前给对方打了款但还没有收到货。

预收，指的是预收账款，即还没给客户发货就已经收到客户打来的货款。

如何分析这些数据呢？

应收票据、应收账款和预付账款越少，对企业越有利，说明企业能够及时回款，也不需要提前向供应商预付款，表明企业行业地位较高，竞争力比较强。

应付票据、应付账款和预收账款越多，对企业越有利，说明企业可以向上游供应商赊购原材料等物品，而下游客户向企业采购则需要预付款。通俗来讲，即可以"两头吃"，企业充分占用了上游供货商和下游客户的资金，此为最理想的经营状态。

上述数据如果是相反的，则说明企业在行业中处于不利的竞争地位，企业资金会被其他企业无偿占用，竞争力较弱。

解读利润表

利润表是反映企业一定会计期间（如月度、季度、半年度或年度）生产经营成果的会计报表。企业一定会计期间的经营成果既可能表现为盈利，也可能表现为亏损，因此，利润表也被称为损益表。它全面揭示了企业在某一特定时期实现的各种收入，发生的各种费用、成本或支出，以及企业实现的利润或发生的亏损等情况。

利润表是根据"收入－费用=利润"的基本关系来编制的，其具体内容取决于收入、费用、利润等会计要素及其内容，利润表项目是收入、费用和利润要素内容的具体体现。

从反映企业经营资金运动状态的角度看，它是一种反映企业经营资金动态表现的报表，主要提供有关企业经营成果方面的信息，属于动态会计报表。

关于利润表的填写，每家企业原理上都一样，具体要看企业各项目的数据统计。

小规模纳税人和一般纳税人的区别就是增值税计算方式上的区别，但填写利润表和资产负债表的原理都是一样的。

1. 利润表所含项目

根据《小企业会计准则》规定，利润表至少应当单独列示反映下列信息的项目：营业收入、营业成本、营业税金及附加、销售费用、管理费用、财务费用、所得税费用、净利润。

同资产负债表一样，利润表（见表6–2）也有一个恒等式：收入－支出=利润，或者收入－费用=利润。

表6-2 利润表（示例）

编制单位：　　　　　　　　　　　日期：　　　　　　　　　　单位：元

项目	本期金额	上期金额
一、主营业务收入		
减：主营业务成本		
主营业务税金及附加		
二、主营业务利润		
加：其他业务利润		
减：营业费用		
管理费用		
财务费用		
三、营业利润		
加：投资收益		
补贴收入		
营业外收入		
减：营业外支出		
加：以前年度损益调整		
四、利润总额（亏损总额以"－"号填列）		
减：所得税费用		
五、净利润（净亏损以"－"号填列）		

2. 利润表项目解读

面对利润表和一堆报表项目，非财务背景出身的老板或管理者往往不知道该从何处着眼。要想读懂利润表，首先要熟悉每一个项目的内容。

（1）主营业务收入。

主营业务收入是指企业经营性经济业务产生的收入。通俗来讲，是指企业主要经营活动产生的收入，这些收入的特点是经常、反复产生。

（2）主营业务成本。

主营业务成本是指与主营业务收入相对应的企业因销售商品、提供劳务或让渡资产使用权等日常活动而发生的实际成本，包括直接材料费、直接人工费等。

（3）主营业务税金及附加。

主营业务税金及附加是指企业日常活动应负担的税金及附加，包括增值税、消费税、城市维护建设税、资源税、城镇土地使用税和教育费附加等。

（4）主营业务利润。

主营业务利润的计算公式为：

主营业务利润＝主营业务收入－主营业务成本－主营业务税金及附加

（5）其他业务利润。

其他业务利润是指企业除销售商品和提供劳务等主营业务产生的主营业务收入之外的其他业务收入扣除其他业务成本、费用、税金后的利润。其他业务利润的计算公式为：

其他业务利润＝其他业务收入－其他业务支出

如工业企业销售材料的收入、出租包装物的租金收入、运输业务的收入等，均属于其他业务收入。

营业费用、管理费用和财务费用属于期间费用。在前面我们已经提到过期间费用的概念，这些费用容易确定其发生期间和归属期间，但很难判断其归属对象，因而在发生的当期应计入损益中。

（6）营业费用。

营业费用是指企业在销售过程中所发生的各项销售费用，如销售人员的工资、办公费、广告费、运输费、差旅费以及业务招待费等。

（7）管理费用。

管理费用是指企业为组织和管理企业生产经营活动而发生的各项费用支出，如行政管理部门职工工资和福利费、折旧费、工会经费、业务招待费、各种税金以及职工教育经费、劳动保险费和坏账损失等。

（8）财务费用。

财务费用是指企业为筹集生产经营所需资金等而发生的费用，包括利息支出（减利息收入）、汇兑损失（减汇兑收益）以及相关的手续费等。在利润表上，财务费用项目所反映的是利息收入、利息支出以及汇兑损失的净额，因而其数额可能是正数，也可能是负数。如果是正数，表明财务费用为利息、融资净支出；如果为负数，则表明财务费用为利息、融资净收入。

（9）营业利润。

营业利润是指企业的主营业务利润，加上其他业务利润减去期间费用后的余额。即：

营业利润=主营业务利润+其他业务利润–期间费用

（10）投资收益。

投资收益可表述为净收益，是投资收入减去投资损失的净值。投资收入和投资损失，分别指企业对外投资所取得的收益和发生的损失。

（11）补贴收入。

补贴收入是指企业按规定应收的政策性亏损补贴和其他补贴。

（12）营业外收入与支出。

营业外收入是指企业发生的与企业生产经营无直接关系的各项收入，包括固定资产盘盈收入、处置固定资产净收益、罚款收入、确实无法支付而转作营业外收入的应付款项、教育费附加返还款等。

营业外支出是指企业发生的与企业生产经营无直接关系的各项支出，包括固定资产盘亏、毁损、报废，以及处置固定资产净损失、罚款支出、赔偿金、违约金、捐赠支出、非常损失、非正常损失等。

其中：固定资产盘亏、毁损是指按照固定资产原值扣除累计折旧、过失人及保险公司赔款后的差额；固定资产报废是指清理报废残值的折现收入减去清理费用后与账面净值的差额；非常损失是指由自然灾害造成的各项资产损失（扣除保险赔偿金及残值），以及由此造成的停工损失和善后清理费用。

（13）以前年度损益调整。

以前年度损益调整项目反映的是企业会计年度发现的以前年度的会计事项涉及损益且需要进行调整的数额。企业在本期发现的前期会计报表中的差错，可以归结为两类：一类为不影响损失计算、不涉及补缴或退还所得税的调整；另一类为尚未影响损益的调整，需要在发现时调整损益，补缴或退还所得税。对于前一类问题，发现后按有关法规要求进行调整即可，不影响损益的报表；对于后一类问题，必须在调整以后的利润表中加以反映。此时，需将调整后影响当期损益的数额单列一个项目，在当期的利润表中加以揭示。

（14）利润总额。

企业利润总额按照下列公式计算：

利润总额＝营业利润＋投资收益＋补贴收入＋营业外收入－营业外支出

（15）企业所得税。

企业所得税是指企业在会计期间发生的利润总额经调整后按照国家税法规定的比例计算缴纳的税款。企业所得税的性质属于企业的费用。

（16）净利润。

企业净利润按照以下公式计算：

净利润＝利润总额－企业所得税

3. 利润表怎么解读

对利润表的解读分析，可从两方面入手。

第一，收入项目分析。企业通过销售商品、提供劳务等取得各项营业收入，也可将资源提供给他人使用，获得租金与利息等营业外收入。收入增加，意味着企业资产增加或负债减少。

第二，费用项目分析。费用是收入的扣除项，费用的确认、扣除正确与否直接关系到企业的盈利。所以分析费用项目时，首先要注意费用包含的内容是否适当，费用的确认应遵循权责发生制原则、历史成本原则、划分收益性支出与资本性支出的原则等。其次要对成本费用的结构与变动趋势进行分析，分析各项费用占营业收入的比例，分析费用结构是否合理，对不合理的费用要查明原因。同时，对费用的各个项目进行分析，看各个项目的增减变动趋势，以此判断企业的管理水平和财务状况，预测企业的发展前景。

解读现金流量表

现金流量表（见表6-3）将企业产生现金流量的活动分成三大类，即经营活动产生的现金流量、投资活动产生的现金流量和筹资活动产生的现金流量。

表6-3 现金流量表（示例）

编制单位： 日期： 单位：元

项目	本期金额	上期金额
一、经营活动产生的现金流量		
销售商品、提供劳务收到的现金		
收到的其他与经营活动有关的现金		
收到的税费返还		
经营活动现金流入小计		
购买商品、接受劳务支付的现金		
支付给员工以及为员工支付的现金		
支付的各项税费		
支付其他与经营活动有关的现金		
经营活动现金流出小计		
经营活动产生的现金流量净额		
二、投资活动产生的现金流量		
收回投资收到的现金		
取得投资收益收到的现金		
收到其他与投资活动有关的现金		
投资活动现金流入小计		
投资支付的现金		
购建固定资产、无形资产和其他非流动资产支付的现金		
支付其他与投资活动有关的现金		
投资活动现金流出小计		
投资活动产生的现金流量净额		
三、筹资活动产生的现金流量		
吸收投资收到的现金		
取得借款收到的现金		

续表

项目	本期金额	上期金额
收到其他与筹资活动有关的现金		
筹资活动现金流入小计		
偿还债务支付的现金		
分配股利、利润或偿付利息支付的现金		
支付其他与筹资活动有关的现金		
筹资活动现金流出小计		
筹资活动产生的现金流量净额		
四、汇率变动对现金及现金等价物的影响		
五、现金及现金等价物净增加额		
加：期初现金及现金等价物余额		
六、期末现金及现金等价物余额		

经营活动产生的现金流量主要是与企业主营业务有关的现金流入和流出，投资活动产生的现金流量是与企业购置以及处置非流动资产有关的活动带来的现金增减，筹资活动产生的现金流量则反映了企业在资本以及债权结构和规模上的变动情况。

1. 经营活动产生的现金流量

经营活动产生的现金流量的流入和流出分别是：

（1）经营活动现金流量的流入：销售商品、提供劳务收到的现金。

（2）经营活动现金流量的流出：购买商品、接受劳务、采购、发放薪酬和缴纳税金等支付的现金。

2. 投资活动产生的现金流量

投资活动产生的现金流量的流入和流出分别是：

（1）投资活动现金流量的流入：投资分红和收回投资收到的现金。

（2）投资活动现金流量的流出：投资、购建非流动资产支付的现金。

3. 筹资活动产生的现金流量

筹资活动产生的现金流量的流入和流出分别是：

（1）筹资活动现金流量的流入：向银行借款和获得股东增资收到的现金。

（2）筹资活动现金流量的流出：分红、偿债和付息支付的现金。

通过现金流量表，可以分析以下两个核心问题：

第一，企业的现金和上期比是增加还是减少了？即看净现金流是增加还是减少了。

净现金流量=经营活动产生的现金流量+投资活动产生的现金流量+筹资活动产生的现金流量

第二，企业的钱都花在什么地方？经营活动、投资活动，还是筹资活动？

对现金流量表的分析，可着重从三个角度进行分析：

第一，现金净流量与短期偿债能力的变化。如果本期现金净流量增加，表明企业短期偿债能力增强，财务状况得到改善；反之，则表明企业财务状况比较困难。但如果企业的现金净流量过大，表明企业未能有效利用这部分资金，这其实是一种资源浪费。

第二，现金流入量的结构与企业的长期稳定。经营活动是企业的主营业务，这种活动产生的现金流量可以不断用于投资，再生出新的现金，来自主营业务的现金流量越多，表明企业发展得越稳健。企业的投资活动是为闲置资金寻找投资场所，筹资活动则是为经营活动筹集资金，这两种活动所产生的现金流量都是辅助性的，服务于主营业务。这一部分的现金流量过大，表明企业财务缺乏稳定性。

第三，投资活动与筹资活动产生的现金流量与企业的未来发展。分析投资活动时，要区分对内投资还是对外投资。对内投资的现金流出量增加，意味着固定资产、无形资产等增加，表明企业正在扩张，成长性较好；对内投资的现金流入量大幅增加，则意味着企业正常的经营活动没有充分吸纳现有的资金，资金的利用效率有待提高；对外投资的现金流入量大幅增加，意味着企业现有的资金不能满足经营需要，从外部引入了资金；对外投资的现金流出量大幅增加，则说明企业通过非主营业务活动来获取利润。

财务报表分析的作用与局限性

小微企业的财务报表要求与一般企业有以下不同：

第一，会计制度不同。小微企业可以采用《小企业会计准则》或《企业会计准则》进行会计核算，而一般企业只能采用《企业会计准则》。

第二，报表格式不同。小微企业的资产负债表、利润表和现金流量表可以采用简化的报表格式，而一般企业必须采用规定的报表格式。

第三，报表内容不同。小微企业的财务报表可以省略某些项目的披露，如股本、股东权益变动、现金及现金等价物的详细情况等，而一般企业必须披露这些项目。

第四，审计要求不同。小微企业的财务报表可以不进行审计，而一般企业的报表必须进行审计。

小微企业同其他企业一样，都需要进行财务报表分析与解读。

财务报表分析是指根据财务报表提供的信息资料，运用一系列的分析方法和技术，对企业等经济组织的财务状况、经营成果及其发展趋势进行综合性比较与评价，为财务报表使用者进行经济决策提供依据。

1. 财务报表分析的作用

财务报表分析能克服财务报表的一般局限性，全面、深入地揭示企业的生产经营和投资理财情况，充分发挥财务报表的作用。我国财务报表基本采用账户式结构，而账户是按企业经济管理的要求和经济业务的性质分类设置的，因此报表所披露的信息相对独立和杂乱，而且只是静止地反映企业的经营状况和财务状况，不能直接反映企业的发展变化趋势。孤立地看待报表项

第六章 财务报表解读：借助报表来管理企业

目金额，既没有意义，也不利于对企业作出正确的评价。

例如，某企业利润表显示企业的利润总额为200万元，如果仅看此表，你会觉得该企业经营得不错。经查对，该企业的利润结构为：主营业务的利润为30万元，短期股票投资收益为170万元。你还会得出上述结论吗？因此，分析报表时需将报表相关项目的数据联系起来分析，才能使报表上的数字变活，提供更充分的信息。

报表分析是报表使用者获取相关信息，进行预测和决策的重要前提。财务报表本身提供的信息是原始的、凌乱无序的。分析时可运用一系列的专门技术和方法对原始数据进行加工整理，去伪存真，提炼升华，得出能多方位、动态、深入地反映企业财务状况与经营成果的具体指标。而这些按一定程序和要求计算的指标，可以作为有关人员预测和决策的依据。另外，报表本身并不具备评价企业经营情况的功能，只有报表使用者结合企业资金实力、产品市场竞争力、行业发展状况、国家宏观经济走势等信息，才能对企业及经营者的业绩作出评价。要得出具有决策价值的信息，须进行报表分析。经分析得到的信息可基本满足投资人、债权人、政府有关部门及其他报表使用者决策的需要。

2.财务报表分析的关注点

在阅读财务报表时还应关注以下两点：

第一，会计政策陈述。会计政策是企业在编报过程中所采用的原则、基础和会计处理方法，如存货计价方法、坏账确认处理方法、收入确认原则、固定资产折旧方法及折旧年限、投资核算方法等。一旦企业会计政策变更，将会导致不同期间的会计信息失去可比性，进而使分析失去意义。对于变更会计政策，要分析其是否符合企业生产经营发展的要求，是否有恰当的理由，是否确实有必要这样做。

第二，报表附注。报表附注一般是对报表中有关项目所作的补充说明或是报表本身无法列示但对企业生产经营有重大影响的事项，如为其他企业债务提供担保、应收账款发生重大变化等。附注是报表不可缺少的组成部分，对于理解报表、判断资产等的风险状态有重要价值。

不同的报表使用者分析报表的目的各不相同，因而，采用的分析方法就有差异。例如，要判断企业的成长性、发展的可持续性，一般要进行资产负债表、利润表的横向趋势分析，通过对企业近年财务状况、收入、成本、利润等规模变化的分析得出结论；要评估企业成本费用的管理水平，大多采用因素分析和利润表纵向结构分析的方法；要评价企业当期营运状况，最常用的就是比率分析，计算企业的偿债能力、营运能力、盈利能力。不同的分析方法，其结论的侧重点指向有所不同。只有针对特定的分析目的，选用恰当的分析方法，才能达到预期的效果。

3. 综合运用相关知识，增强报表分析的实用性

分析报表不仅需要财务会计知识，而且需要结合法律、现行经济政策等，这样才能使报表分析更科学实用，更能体现分析的价值。

依照法律，投资人作为出资方，在企业正常存续经营期间，除依法转让外，一般不抽回投资。此规定确保所有者权益项目成为企业稳定可靠、可长期使用的资金来源。一方面，所有者权益越多，企业自有资金实力越雄厚，从而对信贷资金的依赖越小，企业应付风险的能力越强。另一方面，债权的追索权先于所有者权益。企业自有资金越多，债权人的风险就越小，企业取得商业信用和筹集资金就更容易，经营环境也更为宽松。比如，企业的存货或固定资产一旦为某笔债务作抵押，按照法律规定该债权人享有该资产优先受偿的权利，其他债权人的风险就会增加，该事项按规定应在报表附注中予以披露。此外，报表分析中还会遇到其他很多与法律有关的问题，都需要我们予以重视。

4. 财务报表分析的局限性

尽管对企业财务报表的分析可以使报表使用者获得许多关于企业财务状况的信息，但仍不足以对企业的整体财务状况作出全面评价。主要原因有以下四点：

第六章 财务报表解读：借助报表来管理企业

第一，只具有参考价值。

财务报表是历史性报告，对报表使用者有一定的价值，但由于企业之间竞争加剧，其未来的经营风险和不确定性也随之增加，而这一点，使基于历史性报表分析未来的经营情况和财务状况往往不能如愿。基于历史性报表对未来趋势的预测，只具有参考价值，并非十分可靠。因此，对报表使用者而言，这种财务分析所得的数据不免有过时和不值得信任之感。早在20世纪70年代，就有专家学者全面系统地指出以货币计量并主要运用历史成本为计量属性的财务报表的局限性，提醒借助报表资料进行决策的人们应当注意：现在的财务报表注重反映过去的信息，而决策是关系未来的事。"过去"只不过是对未来的一种指导。

第二，无法动态披露企业财务状况。

企业所披露的财务报表，是按月或按年编制的，是相对静止的会计报告，企业的许多动态情况也被静止化了。如在物价剧烈上涨的情况下，报表中的资产价值被低估，以致所有者权益的账面价值过小，从而不能恰当反映所有者投入资本的购买力或形成的生产能力的保持情况，会计报表就无法动态披露这一情况，而有些动态情况正是评价企业管理效能极为有用的信息，这样就降低了财务会计信息质量。同样在物价持续剧烈变动的情况下，企业不同时期和不同企业的财务报表数据不能直接进行对比，不利于正确评价企业财务状况和经济效益，这就限制了财务报表分析的作用。

第三，不能充分表达非货币性信息。

报表附注是会计报表的有机组成部分。根据《企业会计准则》和相关法律法规的规定，会计报表附注基本内容包括会计政策、会计政策变更事项、非经常性项目的说明等。这些信息是非货币性的，能在一定程度上让报表使用者获得企业更多的信息。由于不同类型的企业根据各自的特点采取了各种各样、不相一致的会计处理方法，而不同的会计处理方法对同一会计事项的处理会产生不同的结果，因而财务报表分析所披露的数据在同行业、不同行业之间的可比性较差。即便企业根据会计准则的要求，以附注形式说明所采用的会计处理方法或会计处理方法的变更情况，但这种说明往往是不充分的，而且易于为报表使用者所忽视。再者，不同的企业采用不同的会计方法，会使净收益和估计发生巨大的差异，影响财务报表的可比性。

第四，避免不了人为修饰因素。

报表分析所披露的指标，可以从各个方面进行解释，如应收账款的周转率可以说明企业短期偿债能力，也可反映企业的资产运用效率。对企业财务报表的分析主要依赖于专业人员，这就限制了财务报表分析的应用。有些分析结果并不能正确披露企业的真相，尤其是在经过人为的刻意修饰后，分析出来的指标反而可能使报表使用者得出与实际相反的结论。如在期初借入资金造成企业流动资产增加的假象，并在期末归还借款，可使报表使用者得出该企业流动比率高、速动比率高的结论；又如在销售环境不变的情况下，减少营运资金，则可使得营运资金的周转率上升。因此，简单、片面地凭借一个或几个指标来判断企业偿债能力、获利能力的强弱是不恰当的。

从一般意义上来讲，财务分析实质上是对财务指标的完成情况所作的分析。如果把财务分析单一地理解为会计报表分析显然是不恰当的。事实上，财务分析应该有一个完整的体系，财务分析核算方法以及核算的指标体系可以适应所有行业。而且，财务分析应不受时间的限制，除了进行定期的报表分析以外，还应在平时针对各种特殊情况进行专题分析，以解决特定决策问题。

第七章

税务筹划实操：实现税收利益最大化

> 税务筹划是合法的，指纳税人在相关法律法规许可的范围内，对企业的各项经营活动进行全盘考虑，做好事先安排和筹划，充分利用税收优惠政策，使企业的行为达到享受包括优惠税率、减免税在内的税收优惠政策的条件，从而取得合法的税收利益。

税务筹划基础

美国著名政治家本杰明·富兰克林有一句名言:"死亡和税收,是人生不可避免的两件事情。"税收当然是不可避免的,现实中绝大多数企业面对税收时,都会采取各种措施进行税务筹划。

所谓税务筹划,是指纳税人在税法规定的范围内,通过对经营、投资、理财等活动进行事先安排和筹划,尽可能减少税款缴纳。

1. 税务筹划的特点

税务筹划具有合法性、风险性、筹划性、专业性、整体性和目的性的特点,详见表7-1。

表7-1 税务筹划的特点

特点	详解
合法性	合法性指的是税务筹划只能在税法许可的范围内进行。这里有两层含义:一是遵守税法,二是不违反税法。合法是税务筹划的前提,当存在多种可选择的纳税方案时,纳税人可以利用对税法的熟识、对实践技术的掌握,作出纳税最优化选择,从而降低税负
风险性	在进行税务筹划时,由于各种不确定因素的存在,筹划收益可能会偏离纳税人的预期,筹划结果也存在一定的不确定性
筹划性	筹划性是指在纳税行为发生之前,对经济事项进行规划、设计、安排,以达到减轻税负的目的
专业性	专业性不仅指税务筹划需要由财务、会计专业人员进行,而且指在社会化大生产、全球经济一体化、国际贸易往来日益频繁、经济规模越来越大、各国税制越来越复杂的情况下,纳税人仅靠自身进行税务筹划显得力不从心

续表

特点	详解
整体性	税务筹划是一种企业层面的整体行为，需要纳税人对所承担的所有税收以及整个经营过程进行通盘考虑和总体筹划，而不是单单针对某个税种和某个经营环节
目的性	税务筹划有很强的目的性，它的直接目的就是降低税负，减轻纳税人负担。这里有两层意思：一是选择低税负。低税负意味着较低的税收成本，较低的税收成本意味着高的资本回收率。二是递延纳税时间（不是指不按税法规定期限缴纳税款的欠税行为），获取货币的时间价值

2.税务筹划的意义

税务筹划对企业意义重大，表现为以下四点：

第一，能够减少税费支出，增加企业的可支配收入。

第二，让企业在合法的范围内获得递延纳税的好处。

第三，有助于企业进行正确的投资、生产经营决策，获得最大化的税收利益。

第四，有助于企业减少或避免税务处罚。

企业的税务筹划反映在三个层面：

第一，顶层架构层面。企业应做好顶层设计，搭建起最优的税务架构，比如集团总部、总公司、母公司、控股公司的安排与筹划，投资公司股权架构安排等。

第二，商业模式层面。主要通过合同涉税条款的拟定来实现。比如，商业促销政策与节税考量、并购重组交易模式的选择、重大交易涉税条款的安排与筹划等。

第三，税务管理层面。积极争取税收优惠政策以及成本费用的扣除政策。比如，行业性、区域性税收优惠资格的申请，以及递延纳税政策的运用，成本费用税前扣除政策的运用等。

税务筹划的一个基本原则——趁早进行，特别是事关企业顶层架构的筹划方式，更需要提前安排，越早进行对企业后期运营的负面影响越小，成本和难度也越低。否则，当企业发展到一定规模时，股权架构越来越复杂，利益相关者越来越多，此时再对顶层架构进行调整，阻力会变得越来越大。

3. 税务筹划的方法

从方法论上讲，可供企业选择的税务筹划方法主要有六种：

第一，顶层架构法。

企业经营首先面临的问题是以何种组织形式组建企业。现代企业的组织形式一般包括公司、合伙企业以及个人独资企业。公司又分为有限责任公司和股份有限公司，其中有限责任公司是最为普遍的一种组织形式。究竟是选择公司组织还是个体经营，是选择独资经营还是合资经营，是选择一般纳税人还是小规模纳税人，无论选择哪种，都必须考虑税收因素。

顶层架构法通过对企业组织形式的选择，来进行纳税人身份的合理界定和转化，使纳税人承担的税负尽可能降到最低，或直接避免成为某类纳税人。

第二，经营方式筹划法。

现代企业经营方式多种多样，根据不同标准可以区分为不同类别：根据经营活动的地域范围，可分为国内经营与跨国经营；根据经营管理的不同方式，可分为自营、联营、代理经营等；根据经营过程的供销关系，可分为内向经营与外向经营；根据经营业务的种类多寡，可分为单一经营与多种经营；根据经营期限长短，可分为短期经营与长期经营；等等。

企业的经营方式对投资方式存在较高的依存度，如经营地点、经营行业、经营产品等，一般都由投资行为决定，而对该类项目的税务筹划，可以归结为相应的投资性筹划。但并不是所有的经营方式都由投资行为决定。比如，在投资已定的情况下，企业采购、销售对象的选择，产量的控制等，都存在较大的筹划余地。

第三，税收优惠筹划法。

充分利用某些特殊行业、特定区域、特定行为、特殊时期的税收优惠政策进行筹划。比如，利用对小规模纳税人、小微企业、高新技术企业、中外合资企业的税收优惠政策，进行相应筹划。

第四，税负转嫁筹划法。

税负转嫁筹划法的核心是借助价格杠杆，利用价格浮动、价格分解来转移或规避税收负担。例如下面这个案例。

案例

> 某酒类企业的白酒是一种特殊消费品，需要缴纳消费税。酒类商品仅在出厂环节征收消费税，在后期的分销、零售环节不再缴纳消费税。
>
> 酒厂为了对消费税进行筹划，特意组建了一家销售公司。销售公司以较低的出厂价（消费税相应也较低）从酒厂进货，再以合理的高价往下游进行层层加价分销，借助"前低后高"的价格转移策略，一方面确保了企业的销售收入不受影响，另一方面减少了企业的消费税支出。

第五，拆分业务法。

例如，某设备销售商将业务拆分为设备销售、安装服务、技术服务三个部分，这是因为安装服务和技术服务的增值税税率低于设备销售的增值税税率。

第六，转让定价法。

转让定价法适用于关联公司，基本操作是：在关联公司之间进行的货物、劳务、技术和资金等交易中，当卖方处于高税区而买方处于低税区时，交易就以低于市场价格的内部价格进行；而当卖方处于低税区而买方处于高税区时，交易就以高于市场价格的内部价格进行。例如下面这个案例。

案例

A公司年利润为300万元，企业所得税适用税率为25%，该公司用转让定价法将200万元利润转移给与之相关联的两家小微企业，两家小微企业适用企业所得税税率均为20%。

在不进行利润转移的情况下，A公司年应纳税额为：

300×25%=75（万元）

利润转移后，300万元利润应纳税额为：

100×25%+200×20%=25+40=65（万元）

A公司通过转让定价法少缴税款：

75－65=10（万元）

小微企业如何筹划企业所得税

根据《关于进一步支持小微企业和个体工商户发展有关税费政策的公告》（财政部 税务总局公告2023年第12号）规定，自2023年1月1日至2027年12月31日，对小型微利企业年应纳税所得额不超过300万元的部分，减按25％计算应纳税所得额，按20％的税率缴纳企业所得税。

小型微利企业是指从事国家非限制和禁止行业，且同时符合年度应纳税所得额不超过300万元、从业人数不超过300人、资产总额不超过5000万元这三个条件的企业。

其中，从业人数包括与企业建立劳动关系的职工人数和企业接受的劳务派遣用工人数。所称从业人数和资产总额指标，应按企业全年的季度平均值确定。

符合上述条件的小微企业就可以充分借助企业所得税优惠政策对企业所得税进行合理筹划。

1. 应纳税所得额延后

如果企业应纳税所得额超过企业所得税优惠政策规定的额度，可以将应纳税所得额延后来避税。例如下面这个案例。

案例

截至2023年12月15日，A公司应纳税所得额约为290万元。预计12月中下旬，业务部还将成交一笔订单，应纳税所得额大约为20万元。公司财务部进行审核时，认为接此笔订单反而会增加企业所得税，于是建议将该笔业务往后推到次年1月。

针对A公司的情况，如果不延后该笔业务，则A公司2023年度的应纳税所得额为：

290+20=310（万元）

应纳税所得额超过了300万元，无法享受小微企业的所得税优惠政策，则应缴纳企业所得税为：

310×25%=77.5（万元）

如果将该笔业务延后至次年结算，则A公司2023年度的应纳税所得额为290万元，可以享受小微企业的所得税优惠政策。应缴纳企业所得税为：

290×25%×20%=14.5（万元）

可见，将应纳税所得额延后后，A公司缴纳的企业所得税大大降低。

2. 固定资产扣除

如果企业的应纳税所得额超出300万元的临界点，也可采取购置固定资产并一次性扣除的方法进行税务筹划。因为税法规定，新购进的设备、器具（指除房屋、建筑物以外的固定资产），单位价值不超过500万元的，可以一次性计入当期成本费用，在计算应纳税所得额时扣除。例如下面这个案例。

> **案例**
>
> B公司预计2023年应纳税所得额为400万元，无法享受小微企业税收优惠政策，按规定要缴纳企业所得税100万元，高额的所得税支出将增大企业的资金压力。
>
> B公司决策层和财务部门经过探讨后，决定购置一台110万元的机器设备，并进行一次性折旧扣除，使应纳税所得额下降到290万元，符合小微企业条件，可以依法享受所得税优惠政策。
>
> 筹划前，预计缴纳企业所得税为：
>
> 400×25%=100（万元）
>
> 筹划后应缴纳企业所得税为：
>
> 290×25%×20%=14.5（万元）

经过筹划，B公司的企业所得税减少了85.5万元，税负大幅减轻，而且新购置的机器还能为企业进行增值税留抵退税，变相为企业增加了流动资金。

3. 费用提前

如果公司的资产总额或应纳税所得额超出了小微企业的认定标准，可以适当将一些费用提前，以使资产总额或应纳税所得额符合小微企业的认定标准，从而享受所得税优惠税率。例如下面这个案例。

> **案例**
>
> C公司2023年资产总额为5010万元，年平均职工人数为200人，应纳税所得额为310万元。
>
> C公司的数据中有两项指标不符合小微企业的认定标准，即资产总额超过了5000万元，应纳税所得额超过了300万元，导致企业无法享

受所得税优惠政策。按照这种情况，C公司应当缴纳的企业所得税为：

310×25%=77.5（万元）

由于该方案税负较高，C公司内部进行了一轮盘查，发现刚好还有一笔12万元的营销费用没有支付，于是决定用现金支付。这样，资产总额就变成了4998万元，应纳税所得额减为298万元，可以享受小微企业的所得税优惠税率，则C公司应当缴纳的企业所得税为：

298×25%×20%=14.9（万元）

4. 利润捐赠

《中华人民共和国企业所得税法》第九条规定，企业发生的公益性捐赠支出，在年度利润总额12%以内的部分，准予在计算应纳税所得额时扣除。基于该项规定，如果企业年度利润总额超出300万元，则可以拿出一部分进行公益性捐赠，从而享受所得税优惠政策。例如下面这个案例。

案例

D公司2023年根据《企业所得税税前扣除办法》调整后，实现利润310万元，则应缴纳企业所得税为：

310×25%=77.5（万元）

后来公司经过商量，决定拿出11万元捐给社会公益性组织。该捐款在利润12%以内可全部税前扣除，那么应税利润就是299万元，应缴纳企业所得税为：

299×25%×20%=14.95（万元）

企业所得税支出减少：

77.5-14.95=62.55（万元）

在进行捐赠扣除操作时，需要注意以下三点：

第一，并不是所有的捐赠支出均可税前扣除，比如与生产经营活动无关的非广告性质的赞助支出。

第二，企业通过公益性社会团体或者县级以上人民政府及其部门，用于公益事业的捐赠支出才可税前扣除，通过其他途径捐赠的支出不可税前扣除。

第三，通过公益性社会团体的捐赠，该公益性社会团体应在民政部门依法登记3年以上（含3年）、连续2年年度检查合格，或最近1年年度检查合格且社会组织评估等级在3A以上（含3A），否则所发生的捐赠支出也不能税前扣除。

另外，企业要进行最大限度的税前费用列支，还要做到以下五点：

第一，发生商品购销行为要取得符合要求的发票。

第二，费用支出要取得符合规定的发票。

第三，费用发生要及时入账。

第四，适当缩短摊销期限，增大前几年的费用扣除，以递延纳税时间。

第五，对不限额列支的费用进行充分列支，对限额列支的费用应准确把握列支标准。

如何筹划增值税

增值税属于流转税的一种,是我国最主要的税种之一,也是最大的税种,增值税的收入占我国全部税收的60%以上。它是以商品(含应税劳务)在流转过程中产生的增值额作为计税依据而征收的一种流转税。对增值税进行合理筹划,能够增加企业现金流,实现企业价值的最大化。

1. 利用税收优惠政策进行筹划

税法对不同的产品、服务、行业制定了各种减免增值税的优惠政策,比如现行税法中关于增值税的减免政策有170余项。企业在进行增值税税务筹划时,应充分研究税收优惠政策,这是最实用、最直接的零风险减税方法。

当前,增值税优惠政策主要有:

第一,农业类税收优惠政策。

(1)农业生产者销售的自产农产品免征增值税。

(2)部分农业生产资料免征增值税。

(3)农民专业合作社税收优惠政策。

> **案例**
>
> 某乳品企业为增值税一般纳税人,既有奶牛牧场,又有乳品加工厂,将原奶加工成品类各异的袋装、盒装牛奶出售。按现行税制规定,该类企业为工业生产企业,不属于农业生产者,其最终产品不属于农产品,不能享受农业生产者自产自销的增值税免税待遇。

第七章 税务筹划实操：实现税收利益最大化

> 《中华人民共和国增值税暂行条例》第十五条规定：农业生产者销售的自产农产品免征增值税。具体来说是指对直接从事种植业、养殖业、林业、牧业、水产业的单位和个人销售自产的初级产品免征增值税。
>
> 因此，该乳品企业进行增值税税务筹划的方法是：将牧场和乳品加工厂分为两家独立的企业。虽然原来的生产程序不变，但牧场和乳品加工厂经过工商登记后，都成了独立法人。牧场生产销售原奶，属自产自销农产品，可享受增值税免税待遇，销售给乳品加工厂的原奶按正常的成本利润率定价。分立后的乳品加工厂从牧场购进原奶，可作农产品收购的税务处理，按专用收购凭证所记收购额的13%计提进项税额，销项税额的计算不变，其税负可大幅减轻。

第二，资源综合利用产品增值税优惠政策。

销售自产货物，如再生水、翻新轮胎、以废旧轮胎为全部生产原料生产的胶粉等，实行免征增值税政策。

第三，促进残疾人就业增值税优惠政策。

（1）残疾人个人提供的加工、修理修配劳务免征增值税。

（2）对安置残疾人的单位，符合一定条件的，由税务机关按单位实际安置残疾人的人数，限额即征即退增值税。

第四，医疗机构增值税优惠政策。

对非营利性医疗机构自产自用的制剂，免征增值税。

第五，低税率增值税优惠政策。

一般纳税人销售或者进口粮食、自来水、图书等商品，增值税税率为13%。

第六，区域性税收优惠政策。

为了发展区域经济，国家及地方层面都出台了一系列的区域性税收优惠政策，多数经济开发区出台了财政扶持政策，如江西、浙江、天津、上海等地都有很好的税收优惠政策。将新注册公司设立在税收洼地，可享受当地的税收优惠和奖励。

2. 通过纳税人身份进行筹划

根据《财政部 税务总局关于明确增值税小规模纳税人减免增值税等政策的公告》（财政部 税务总局公告2023年第1号）的规定，自2023年1月1日至2027年12月31日，对月销售额10万元以下（含本数）的增值税小规模纳税人，免征增值税。增值税小规模纳税人适用3%征收率的应税销售收入，减按1%征收率征收增值税；适用3%预征率的预缴增值税项目，减按1%预征率预缴增值税。

一般纳税人和小规模纳税人的税率和征收方式的差别给增值税税务筹划带来了一定的空间。小微企业可以通过计算自身的税负平衡点来选择纳税人身份，从而达到降低增值税税负的目的。

需要注意的是，《中华人民共和国增值税暂行条例实施细则》（2011年修订）第二十八条这样规定："条例第十一条所称小规模纳税人的标准为：（一）从事货物生产或者提供应税劳务的纳税人，以及以从事货物生产或者提供应税劳务为主，并兼营货物批发或者零售的纳税人，年应征增值税销售额（以下简称应税销售额）在50万元以下（含本数，下同）的；（二）除本条第一款第（一）项规定以外的纳税人，年应税销售额在80万元以下的。"第三十四条规定，具有以下情形者，应按销售额计算增值税，不得抵扣进项税额，也不得使用增值税专用发票："除本细则第二十九条规定外，纳税人销售额超过小规模纳税人标准，未申请办理一般纳税人认定手续的。"

根据上述规定，企业销售额达到规定的标准就必须办理一般纳税人资格，而且根据《中华人民共和国增值税暂行条例实施细则》（2011年修订）第三十三条规定："除国家税务总局另有规定外，纳税人一经认定为一般纳税人后，不得转为小规模纳税人。"由此规定可知，纳税人身份具有不可逆转性。

3. 通过合理销售的方法进行筹划

根据税法相关规定，以现金折扣方式销售货物时，折扣金额应在发生后计入财务费用。这种费用不能从销售额中扣除，无法达到节税效果。但如果货物通过商业折扣方式销售，当折扣金额和销售金额列在同一张发票上时，就能根据折扣后的余额计算和缴纳增值税，这种情况下，可以减少企业增值税支出。

4. 通过延长增值税缴纳时间进行筹划

如果企业的现金流比较紧张，还可采取延长缴纳增值税时间的方法，来变相达到降低税负的目的，实现企业利益的最大化。比如，企业通过商业承兑汇票或者在当期进行进项税额的抵扣，来延长纳税时间。

股东分红如何进行税务筹划

分红是将当年的收益按规定提取法定公积金、公益金等项目后向股东发放，是股东收益的一种方式。根据《中华人民共和国个人所得税法》规定，利息、股息、红利所得适用税率为20%，当个人股东收到企业分配的股息和分红时，应当依法缴纳20%的个人所得税。因此，股东的分红虽然看起来非常可观，但在缴税后却大为缩水。

公司的股东可以是个人股东，也可以是法人股东。一般来说，企业实现年度利润后，根据《中华人民共和国企业所得税法》规定，税后利润按规定应分配给股东。

对于企业给股东的分红，可以通过以下措施进行税务筹划。

1. 个人持股变为公司持股

举例来说，某公司年度经营利润为100万元，假设公司老板一人持股100%，这笔利润分配到老板口袋里还能剩下多少呢？

首先，100万元的利润需要缴纳25%的企业所得税（100万元×25%=25万元），剩下75万元的税后利润。

其次，税后利润分配到老板个人账户，还需要缴纳20%的个人所得税（75万元×20%=15万元），最后真正进入老板口袋的分红只有60万元。

如果老板是以自然人身份直接持股，在分红时就要依法缴纳个人所得税。根据《中华人民共和国个人所得税法》规定，个人拥有债权而取得的利息、股息、红利所得，应当缴纳20%的个人所得税。自然人直接持股的方式，个人所得税筹划的空间几乎为零。

这种情况下，就可以将老板个人持股转变为公司持股。

公司持股，即先由自然人成立持股公司，然后由持股公司作为股东持有主体运营公司股权（见图7-1）。根据《中华人民共和国企业所得税法》第二十六条规定，符合条件的居民企业之间的股息、红利等权益性投资收益为免税收入。所以这种方式不需要再缴纳个人所得税。

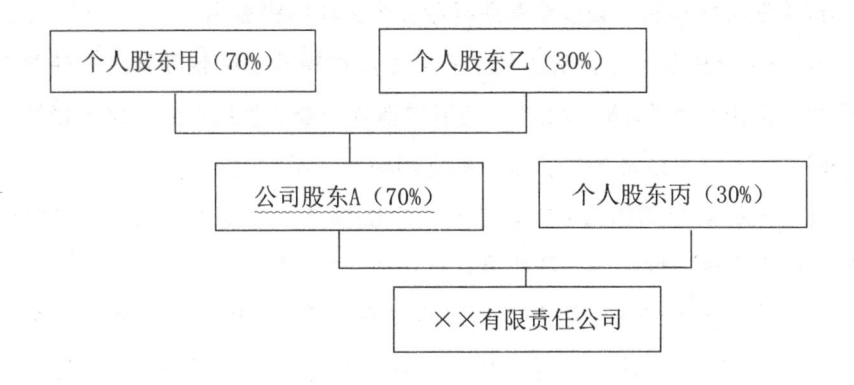

图7-1 公司持股架构（示例）

2.设立个人独资企业

税收洼地的个人独资企业的基本税率很低，能够实现股东分红合理节税。

所以，可以将股东分红转化为个人独资企业对股东所属企业的服务性收入，由股东所属企业支付给个人独资企业服务费，个人独资企业完税后法人将剩余资金以"备用金"进行提现，也就能将这笔资金提取出来，正常使用。这样就可以起到一定的节税作用。

3.通过企业间利润转移

比如成立多家关联公司，通过关联交易将业务外包来转移利润，利用关联公司的税收优惠政策降低税负。

比如，A公司老板可以另外注册一家B公司（B公司享有税收优惠政策或者核定征收优势），然后将业务外包给B公司。A公司支付的酬劳就成了B公司的收入，对于A公司来说，减少了一部分企业所得税。

转移利润时定价要在合理范围内，若不合理，会产生税务风险。

4. 给老板（股东）发工资

如果老板（股东）也在公司任职，就可以按普通员工身份给其发放工资，以降低税前利润，减少企业所得税和个人所得税支出。

2019年个税改革后，员工的工资薪金所得按照七级超额累进制计算个人所得税，适用税率为3%～45%，可以申请六项专项附加扣除，降低税负。但筹划时应特别注意发放的工资金额的适用税率，不宜过高。

如何把握好中间的尺度？其实有一个临界点，只要工资的个税缴纳数额不超过分红形式所缴纳的个税额度，就可以采纳。

正常情况下，老板（股东）领取的工资只要综合税负低于40%都是合算的。在目前的市场环境下，给老板（股东）发放年薪50万～60万元是完全合理的，能达到节税的目的。不过，具体操作还需要结合企业的经营情况、盈利情况，可由内部财务人员进行更精确的计算。

5. 购买资产

企业税后利润可以不进行分红，而用来购置企业用于扩大再生产的固定资产或汽车等资产。以公司名义购买汽车，但是由老板（股东）个人使用，购置发票的增值税可以进行抵扣，同时，购车的成本还可通过折旧分摊计入公司的成本费用，减少企业所得税和个人所得税。

不过，以公司名义购置的车辆的所有权属于公司，一旦公司遇到破产清算，需要被拿来偿债。另外，如果以公司名义购买房产，无法进行商业贷款，同时需要缴纳契税（一般税率为3%）和房产税。

缺失成本票怎么办

缺失成本票，是指企业在进行生产经营活动时，发生了一些成本费用的支出，但是没有取得或者无法取得相应的合规凭证，如增值税专用发票、增值税普通发票、收据等。这些支出可能包括：

第一，人工费。例如，企业雇用临时工或者外包人员，支付了一定的劳务报酬，但是没有取得发票或者收据。

第二，材料费。例如，企业从个体户或者农民手中采购了一些原材料、辅料、燃料等，但是没有取得发票或者收据。

第三，租金费。例如，企业从个人或者其他企业那里租赁了场地、设备、车辆等，但是对方不愿意或者不能开具发票。

第四，专家费。例如，企业请了一些专家、顾问、培训师等提供咨询、培训、评审等服务，但是对方不愿意或者不能开具发票。

第五，佣金费。例如，企业通过第三方介绍或者代理获得了一些业务，支付了一定的佣金或者介绍费，但是对方不愿意或者不能开具发票。

很多小微企业缺失成本票的原因，主要有以下两点：

第一，企业本身原因。像咨询服务、建筑设计等企业，基本都是低成本高利润，再加上员工的薪资都不低，但没有相应的发票进行抵扣，所以就导致企业利润非常高但成本很低，企业所得税税负很高。

第二，企业存在大量和个人开展的业务。简单说就是咨询服务类企业的大部分业务都涉及和个人合作，而个人没法给企业开具发票，这部分支出也就难以取得发票。

根据《中华人民共和国企业所得税法》规定，企业应当从其按照财务会计制度确定的收入总额中扣除不属于收入的项目、允许扣除的费用和税收减免等项目,确定应纳税所得额,并按照法定的税率缴纳企业所得税。

因此,无论是否取得成本票,只要企业实际发生了成本费用的支出,并且符合税法的规定,就应当在税前扣除。这样才能合理地确定企业的应纳税所得额和应纳税额。

如果因为没有取得成本票而不进行税前扣除,就会导致以下问题:

第一,利润虚高。如果没有扣除成本,就会导致企业的利润被高估,从而影响企业的经营效率和投资回报率等指标。

第二,税负过重。如果没有扣除成本,就会导致企业的应纳税所得额被高估,从而导致企业多缴企业所得税,增加企业的经营成本和财务压力。

第三,税务风险。如果没有扣除成本,没有及时调整应纳税所得额,就可能构成不按规定进行纳税申报的行为,从而引起税务机关的关注甚至被税务机关处罚。

很多企业往往会通过买卖发票或虚开发票等方式来获取成本票,以减少税金支出。这种做法本身是不合规的,也是不可取的,特别是随着金税四期的上线,税务机关对企业的监管更加严格,企业有不合规的纳税行为就会有涉税风险。

那么,针对企业成本票欠缺、税负重的情况,如何合理合规地减少税金支出呢?

1. 规范财务制度

企业从内部调整,规范财务管理制度。与其他企业开展业务时,企业应当尽量向对方索要发票或者要求其补开发票,以降低税务成本和风险。具体包括:

第一,在签订合同或者协议时,明确约定发票的种类、金额、时间等要求,并尽可能选择可以满足发票需求的供应商或者服务商。

第二,在支付款项时,及时向对方索要发票或者催促其开具发票,并与对方进行有效的沟通和协调。

第三,在无法取得正式发票的情况下,尝试取得其他合规凭证,如收据、合同协议、付款凭证等，并保留相关的外部资料，如工商注销、机构撤销、列入非正常经营户、破产公告等证明资料。

2. 利用自然人代开发票

自然人代开发票，是指自然人与企业开展业务往来时（例如个人为企业提供服务，或者个人向企业出售商品时），企业要给个人支付相应的费用，此时企业需要发票入账，但是个人又不能开具发票，那么个人就可以向税务机关申请由税务机关代开发票提供给企业，发票为增值税普通发票。目前，自然人代开发票的途径主要包括电子税务系统代开和税务服务大厅代开，均符合国家政策规定，是合法合规的行为。

自然人的个税计算方式在不同地区有较大的差异，目前全国大多数地区，直接按照个人所得税综合所得中的劳务所得来计算，税率20%起。但是在税收优惠园区，是按照个人经营所得税来进行征收的，税率仅为0.5%左右，综合税负在1.5%以内（包括增值税、附加税、个税）。自然人代开发票每人每年累计可代开500万元额度，基本无行业限制，也无须办理个人独资企业、个体工商户，不涉及注册、注销及开户。

因此，企业和个人发生业务往来时，可通过在税收优惠政策内申请自然人代开发票，来解决部分成本票缺失问题。

3. 借助灵活用工平台

当企业与个人存在大量业务往来时，企业可以通过灵活用工平台发送任务、代发佣金、代征个税，并取得6%的增值税专用发票进行抵扣。对于企业来说，还可合理解决部分人力成本问题。

所谓灵活用工平台，是指用来解决企业向自由职业者发薪需求，可以提供灵活用工撮合、发薪、节税等一站式服务的第三方SaaS平台。这类平台以安全合规、有据可循为基本原则，具备电子签约、税务代缴、实时分账、一键完税、实时发薪等功能，能够有效解决自由职业者与雇主之间对接难、税负成本高的痛点。

4. 利用个体工商户或个人独资企业核定征收政策

企业缺失成本票的问题通过业务转包和分包的方式解决，可使企业税负得以降低。在税收优惠园区成立个体工商户或个人独资企业来转包和分包业务，享受核定征收政策，核定后个税税率为0.5%~2.1%，综合税率为2.5%~3%，一年可开450万元左右额度的增值税发票，而且全程不需法人到场。

5. 借助地方产业扶持政策

当企业进项发票缺失，进项税额抵扣不足，增值税太高时，可通过在有产业扶持政策的地方成立子公司或分公司的形式，来承接主体公司部分增值业务。子公司或分公司正常经营和纳税，既解决了成本票缺失的问题，又能享受到地方产业扶持政策。

6. 利用有限公司的税收扶持奖励

企业可在税收优惠园区设立有限公司，正常经营承接业务，纳税后即可享受当地增值税和企业所得税的税收扶持奖励。

第一，扶持比例。增值税返还40%，企业所得税返还20%。

第二，奖励模式。企业当月纳税，财政奖励下月到账。奖励皆为阶梯制，纳税越高，奖励越高。

第三，适用场景。适用于增值税税负重的贸易类企业，或流水上千万元，每月10万元以上销项，进项销项差距大的企业。

第七章　税务筹划实操：实现税收利益最大化

小微电商企业如何进行税务筹划

在金税三期系统上线之前，由于电商行业竞争激烈，利润较低，很多小微电商企业存在以下财税不合规的情况。

第一，隐瞒收入。很大一部分电商企业是靠冲销量实现薄利多销，卖货的时候顾客不要发票，大多数收入会经由企业支付宝提现到私户上，公司账户上只体现小部分收入，甚至在财务报表上经常显示亏损。

第二，缺少进项成本票。电商企业在运营过程中缺少进项票，因为货品来源复杂，成本费用不同，普遍存在"要票一个价，不要票另一个价"的情况，甚至部分货品无法获取成本票。

第三，私户发工资，不代扣代缴个税。很多电商企业通过私户或现金给员工发放工资和奖金，没有代扣代缴个税，也不给员工缴纳社保。

第四，利润虚高。由于存在不同的进货价格，电商企业为了获得更低的进货价格，有时会付出一定的隐形成本费用，如渠道费用、接待费用、无法进账的货源费用。

上述操作虽然可以暂时降低税负，但也带来巨大的财税风险。随着大数据时代的到来，在"以数治税"的背景下，所有的交易痕迹都会暴露无遗。一旦被税务机关查出，将面临被罚款、被追缴、被联合惩戒甚至承担刑事责任等严重后果。

2008年，金税三期系统上线，国家对电商的监管趋于严格，特别是在2021年金税四期系统上线后，对直播电商领域的网红进行了大规模的税务稽查清理，稽查出来的税务罚款数字触目惊心。电商企业相比传统企业，最大特征就是交易留痕、数字化，刚好契合金税四期"以数治税"的监管逻辑。

但如果合规纳税,高额的增值税、企业所得税及分红缴纳的个人所得税等,又给这些小微电商企业带来不小的压力,这让企业老板非常头疼。

小微电商企业要想在合规经营、依法纳税的前提下减轻税负压力,就需要做好税务筹划,具体可通过以下措施来进行。

1. 合理选择法人企业或非法人企业

电商企业在注册阶段,可根据自身情况和定位来选择法人企业或非法人企业,其区别见表7-2。

表7-2 法人企业和非法人企业的区别

类别	种类	征收方式
法人企业	有限责任公司、股份有限公司	查账征收,企业需要有账本和发票,先缴纳增值税、企业所得税,分红时再缴纳个人所得税
非法人企业	个体工商户,个人独资企业,普通、有限合伙企业	核定征收,无须缴纳企业所得税,只需缴纳增值税和经营所得的个人所得税

非法人企业的纳税是根据全年应纳税所得额来进行的,只需根据经营所得缴纳个人所得税即可。不同的额度,对应不同的税率(见表7-3)。

表7-3 非法人企业纳税额度一览

级数	全年应纳税所得额	税率	速算扣除数
1	不超过30000元的部分	5%	0
2	超过30000元至90000元的部分	10%	1500
3	超过90000元至300000元的部分	20%	10500
4	超过300000元至500000元的部分	30%	40500
5	超过500000元的部分	35%	65500

相对而言,法人企业纳税比较严格,采用查账征收的方式来征税,对发票的要求也比较高。

选择哪一种企业更有利于节税呢?答案不是绝对的,要根据商家的实际收入情况。增值税都是需要缴纳的,非法人企业一旦实现盈利,当年就要缴纳个人所得税；而法人企业的个人所得税则只有在分红时才缴纳，不分红就无须缴纳。

2.利用税收优惠政策

电商企业可以利用国家税法规定的优惠政策进行税务筹划。目前在全国很多地方比如重庆、江苏、山东、上海、云南等地，都有税收优惠园区。入驻这些园区设立有限公司，增值税和企业所得税可以享受30%～70%的财政扶持奖励，个人独资企业可以享受核定征收政策，核定后个税税率为0.5%～2.1%。既不需要企业实际入驻，也不需要改变企业现有的经营地址和经营模式，只需要将企业注册或登记到当地园区，即可享受当地的税收优惠政策。

案例

某服装电商企业每年营业规模1800万元，为一般纳税人，适用增值税税率为13%，成本费用800万元，如何进行税务筹划？

筹划前纳税情况：

增值税：1800×13%=234（万元）

附加税：234×12%=28.08（万元）

企业所得税：（1800-800）×25%=250（万元）

总纳税：234+28.08+250=512.08（万元）

纳税筹划方案后：

入驻江苏某税收优惠园区，成立有限公司，可以享受税收奖励返还政策。

增值税返还：234×50%×80%=93.6（万元）

企业所得税返还：250×50%×80%=100（万元）

总计返还193.6万元，相当于节税193.6万元，大大减少了企业的税费支出。

3. 利用企业的性质

多数电商企业注册地都在高新技术园区，拥有高新技术企业证书，营业执照上并没有明确提及电子商务业务。作为财务人员，通常可以以此为切入点做好税务筹划。因为在所得税方面，高新技术企业和生产制造型的外商投资企业是可以享受减免税优惠的。

4. 采用转让定价法

互联网的快速发展使得关联公司在对待特定商品和劳务的生产和销售上，有着更为广泛的运作空间。它们可以有目的地对费用及利润进行分摊，以合理的转让定价法为公司谋求最大化的利益。

5. 改变商业模式

所谓商业模式，是指企业与供应商之间、部门之间、企业与客户之间以及企业与渠道之间的合作关系和方式。企业在选择商业模式时，往往会基于成本、效率、竞争力的考量。在特定情形下，商业模式的选择也可以实现节税目标。

比如，电商企业可以将公司业务适当地进行拆分，在园区开设与主公司业务相匹配的个人独资企业，通过业务分流将部分业务转移给个人独资企业。个人独资企业享受个人生产经营所得税核定征收的政策，无须缴纳企业所得税，核定后个税税率为0.5%～2.1%，综合税率为2.5%～3%。

6. 采用分散销售法

分散销售即通过多注册几家小规模纳税人企业，多开几家网店，以营业收入不超过小规模纳税人认定标准为限开展销售活动，实现节税。

该方法的弊端在于操作起来有点麻烦，且不利于将网店做大，不利于企业规模化发展。

第八章

财税风险管控：堵住企业的财税漏洞

> 我国小微企业数量众多、行业分散，对经济发展影响重大，但由于内部和外部的诸多原因，普遍存在财税风险。本章对小微企业面临的主要财税风险进行了分析，据此提出了提高财税风险管控水平的策略，希望能为小微企业提供参考。

金税四期对企业的意义

金税四期是国家税务总局推出的一项新的税务管理系统，旨在提高税收征管的效率和质量，进一步推进税收现代化。

1. 金税工程与金税三期、金税四期

自2016年5月1日起，我国全面实施营改增试点，这意味着增值税实现了对我国所有企业经济活动的覆盖。同时，金税三期也在全国各地的税务机关全面上线。

经过不断完善，金税三期的功能已经非常强大，它是一项全面的税收管理信息系统工程，依托大数据和云计算等新技术手段，通过互联网将工商、公安、税务、社保、质监、银行等相关部门权限打通，实现了部门之间的联网。金税三期致力于实现"一个平台、两级处理、三个覆盖、四个系统"目标。

第一，一个平台指包含网络硬件和基础软件的统一的技术基础平台。

第二，两级处理指依托统一的技术基础平台，逐步实现数据信息在总局和省局集中处理。

第三，三个覆盖指应用内容逐步覆盖所有税种，覆盖所有税收工作环节，覆盖各级国地税机关并与相关部门联网。

第四，四个系统指通过业务重组、优化和规范，逐步形成以征管业务系统为主，包括行政管理、外部信息和决策支持在内的四个应用系统软件。

流程更合理、运行更通畅的金税三期上线后，纳税人在税务机关面前变得更加透明，几乎所有企业的经营行为都会被纳入税务机关的监控范围：

- 企业的日常经营事项都会在金税三期的监控中留下记录，它能够追踪企业的资金流、票据流。
- 金税三期借助大数据，输入纳税人识别号，即可追查到该税号下的进项发票和销项发票，以及是否购入假发票等。
- 税务、工商、社保、银行等各个部门被打通后，企业的个税、社保、公积金、残保金、银行账户等信息，将会在税务系统里一览无余，企业违规操作的概率趋于零。

企业的财税违规操作在金税三期面前无所遁形，企业的财税风险大大提高。

金税工程已经经历了一期、二期和三期，当前正在全面推行的是第四期。金税四期是我国金税工程的重要组成部分，这是一个覆盖全国的庞大税收征管系统，在我国经济社会生活中发挥着举足轻重的战略作用。金税四期已于2021年8月1日正式上线，截至2023年底，试点区域有广东、山东、河南、山西、内蒙古、重庆，2024年正在全面推行。

正在全面推行的金税四期，在延续金税三期系统的基础上，核心功能保持不变，新增加的功能主要有：

第一，非税业务管控，企业最关注的社保也将纳入税务局管理并通过金税四期进行征管。

第二，与中国人民银行的信息联网，进行严格的资金管控。

第三，企业相关人员身份信息及信用管控。

第四，云化服务，全流程智能办税。

2.金税四期对企业意味着什么

金税四期全面推行后，企业的所有业务、资金都会摆在明面上，老板和股东个人的资金收入、流水、支出等也会摆在明面上，以前的代开发票、虚开发票等行为都将行不通。

全面推行的金税四期对企业意味着什么呢？

第一，更多的企业数据将被税务局掌控。金税三期是以票控税，而金税四期是以数控税，也就是说，国家将运用大数据、人工智能等新一代信息技术对企业进行监管。

第二，金税四期对纳税人的监管是全方位、全业务、全流程、全智能的监控，将更为严格，特别是个人卡交易。

第三，金税四期全面推行后，将全面监控非税业务：各部委、银行等参与机构建立信息共享渠道；企业人员基本信息、企业税务状况、企业登记信息易于核实；税费全数据、全业务、全流程"云管理"，为智慧监管、智慧征税提供基础条件。这意味着越来越多的企业数据被税务机关控制，全方位、立体化的监管将使企业税收"脑力劳动"的想法消失。

第四，个人资产近乎透明。金税四期全面推行以后，对于高收入人群来说，伴随着自然人纳税识别号制度的建立和新个税法首次引入的反避税条款，个人资产基本上是透明的，随着大数据的不断发展和渗透，隐藏在底层的"背后交易"事项将很快浮出水面。

第五，金税四期全面推行以后，会对企业银行账户、企业相关人员银行账户、上下游企业相关台账等数据进行检查比较。无论是大额的公共转账还是私人转账，都将受到严格监督。如果主营业务成本长时间超过主营业务收入，则更容易被查，异常费用更可能引发税务问题。

3. 企业如何应对新的金税系统

由于新的金税系统会充分运用大数据、人工智能等新一代信息技术，从而实现智慧税务和对企业的智慧监管，每一家企业在税务部门面前都是透明的，任何违规操作都将无所遁形。

面对功能越来越强大的金税系统，企业应当如何应对呢？

守法经营、依法纳税的企业当然无须担心，只要行得端坐得正就不怕监管。

而那些财税不合规的企业，则应当充分重视财税问题，尽快让企业财税合规。

第一，企业务必重视外部的涉税事项，及时了解并熟悉国家制定的各项财会法规、方针政策，严格贯彻执行和遵守经济法、会计法、证券法、税法、会计准则和财务通则等相关法律制度，强化法律意识，规范企业财税工作。

第二，谨慎对待每一个纳税申报期，按时申报纳税，不管是内部会计负责公司财务，还是交由外部的财税公司做账，都应遵守国家制度进行合规经营，减少风险。

第三，企业向管理部门申报的每一个财税数据，如报给统计局的、报给税务局的、报给社保局的、报给公积金中心的，都要非常谨慎，做到数据统一，避免数据冲突。因为上述部门关于企业的相关数据都会实现互通，可以相互印证，当数据存疑时，税务机关有可能会进行税务稽核。

第四，全面排查企业潜在的财税风险，比如有没有两套账、有没有隐瞒收入、有没有虚开发票、有没有虚提成本、有没有少报税款等问题，针对遗留问题和风险提出可行的解决方案。

第五，加强人员培训，做好财务团队建设，提高企业财税管理水平。企业包括老板在内的相关人员，要认真学习和研究金税三期、金税四期的相关知识，做到知己知彼、与时俱进，提高企业的财税管理水平和综合处理能力。

第六，建立完善的财税内控制度和内控流程。结合金税三期、金税四期，企业应建立完善的财税内控制度和内控流程，使财务人员能够通过规范的财税内控制度和内控流程及时发现问题，做好应急处理，最大限度降低企业的财税风险。

小微企业常见财税风险（一）

小微企业通常缺乏严格的财税内控与合规制度，面对复杂的税收监管法规和政策，容易出现财税风险。以下整理了一些小微企业常见的财税风险，为小微企业管理者提供参考，避免踩雷。

1. 两套账

两套账在小微企业中属于比较普遍的现象，对于同一会计主体、同一会计期间发生的经济业务，每套账会做不同取舍，使用不同的会计核算方法，企业有内外两套账，导致每套账的会计报表结果不一样。

两套账主要是为了少缴税，企业为了逃避税款，就在外账上做文章，比如收入不入账、将收入做低、将库存做大等。如果客户不需要发票，企业就可以用现金收款或用老板私人账户收款的方式来隐瞒销售收入，以达到少缴增值税和企业所得税的目的。由于销售收入没有得到确认，成本自然也无法得到确认，于是库存就变大。还有企业会通过将成本和费用做高的方式，来降低利润，减少企业所得税支出。因此，做两套账的企业都有一个共性——利润低、税负率低。

随着金税四期的全面上线，两套账被发现的风险越来越大。从税务角度讲，如果企业被税务机关发现由于做两套账而少缴税、偷税或者漏税，需要依法补缴相应税款，且每天要加收万分之五的滞纳金，还要处以0.5倍到5倍的罚款。

此外，两套账还可能会给企业带来信用风险和刑事风险（逃税罪）。

要彻底规避两套账的风险，就要下定决心实现两账合一。企业财税日常操作要做到以下六点：

第一，从当下开始，进行规范的财务管理和会计处理，严格按照会计制度和会计准则做账，杜绝隐瞒收入的现象。

第二，从财务到业务要统一思路，所有支出一定要取得发票，避免大额支出没有发票入账的情况。

第三，对于和公司无关的支出，应通过股东分红或者第三方借款的方式解决资金问题，而非计入第二套账。

第四，逐步将以往未入账的经济事项遵照实质重于形式的原则录入会计账簿，对于跨年的影响数，可通过以前年度损益调整进行规范。

第五，对于确认无票收入的，要同时结转销售成本，减少库存商品，将老板或其他相关人员私户占用的资金转入公司账户或确认为其他应收款。

第六，对于成本费用，要按发生时的性质正常入账，没有取得发票的做纳税调整，在补账时按由近及远的顺序进行。

2. 公私账户不分

企业公私账户不分是一个常见的问题，老板认为公司是自己的，企业的资产也是个人财产，导致私人账户和公司对公账户之间资金往来随意、频繁、混乱，或是用老板私人账户收取公司业务款项，致使公私账户不分（见表8-1）。

表8-1 公私账户不分的几种情况

序号	描述
1	公司老板（包括家人）直接用批条、白条从公司对公账户提款
2	公司老板用私人账户收取公司业务款项，再用私人账户随意消费
3	公司隐藏部分收入进私人账户，不报税，再从私人账户借钱给公司
4	老板家庭消费支出在公司进行报销
5	老板用私人微信、支付宝等移动支付工具收款，随收随花，不上交公司
6	公司业务人员用私人账户收取公司业务款项
7	财务人员用私人账户存储公司备用金，支付报销费用，发放工资

无论是资金上的公私不分，还是费用上的公私不分，都存在很大的安全隐患，不仅会产生企业财务管理上的诸多问题，还会给老板带来潜在的税务风险和法律风险。

虽然我国法律上并未禁止公司账户同个人账户之间的正常资金往来，但那些反常的资金往来，比如公私账户间频繁、无正当理由的款项往来和巨额款项往来通常都会被监控，根据2017年7月1日起施行的《金融机构大额交易和可疑交易报告管理办法》，自然人和非自然人账户中的大额交易和可疑交易都会被重点监控。

当前，国家对公转私、公私账户不分情况的监管越来越严，自2019年开始，税务稽查不仅会重点稽查公司法定代表人、实际控制人的个人账户，还会稽查公司主要负责人的个人账户。

尤其值得注意的是，国家还要求各相关部门比如银行和税务机关，如果发现异常情况，要相互分享信息，表现在两个方面：

第一，商业银行需向中国人民银行报送大额交易报告或可疑交易报告，中国人民银行会视情况报送给相关税务部门，因此大额交易或可疑交易可能会招来税务部门对相关责任人的稽查。

第二，根据《中华人民共和国税收征收管理法》规定，税务机关也可以检查从事生产经营的涉嫌偷税漏税纳税人的银行存款账户，包括纳税人存款账户余额和资金往来情况。

如果说以往税务机关掌握私人账户资金变动情况相对困难的话，当前则变得越来越容易。

今后，不仅公司的老板，公司的财务人员、高级管理人员等人员的个人账户，都将是税务稽查的对象，这些人员的个人账户尽量不要与企业对公账户有不正常的资金往来。

实践中，个人账户如果出现频繁转账，就会受到银行的查询和监控，企业老板或相关人员公私账户间的每一笔流水都能被查清。

企业一旦被稽查，且发现确实存在问题的话，轻则补缴税款，同时要缴纳滞纳金和罚款，重则可能要承担刑事责任。

3. 虚开增值税专用发票

实践中，企业虚开增值税专用发票的手段主要有四种：

第一，空余开票额度虚开。

当企业将货物销售给个人、小规模纳税人或其他不需要增值税专用发票的单位时，企业就省下了发票，产生了空余开票额度。而有些一般纳税人为了偷税，到处求购增值税专用发票来抵扣。双方一拍即合，用空余开票额度进行虚开。

第二，有货虚开。

企业有自己的经营场地，也有生产设备和产品，但是产品的销售量远远高于实际生产量。企业生产少量产品，只是为了掩人耳目，应对税务检查。其真正目的是通过领票对外虚开谋利，当虚开增值税专用发票的数量或额度达到一定程度，风险越来越高时，企业或注销或出逃，一走了之。

第三，无货虚开。

无货虚开即企业并没有生产或经营发票上对应的产品，却有相关增值税专用发票，是因为业务往来或为谋利而对外虚开发票。

第四，票货不一致虚开。

比如，企业从供货商A处购入产品甲，又从供货商B处购入产品乙，乙产品价格低于市场价，但是其供货商B无法开具增值税专用发票。恰好供货商A有同乙产品相似的产品，应购货企业要求，供货商A便按乙产品的实际交易金额，为其开具产品名称为甲产品的增值税专用发票，这就是所谓的票货不一致，即增值税专用发票开具上的张冠李戴。

增值税是我国第一大税种，对企业虚开增值税发票的处罚非常重。虚开增值税专用发票罪的量刑起点也很低，根据《最高人民法院关于虚开增值税专用发票定罪量刑标准有关问题的通知》——

"虚开的税款数额在五万元以上的，以虚开增值税专用发票罪处三年以下有期徒刑或者拘役，并处二万元以上二十万元以下罚金；虚开的税款数额在五十万元以上的，认定为刑法第二百零五条规定的'数额较大'；虚开的税款数额在二百五十万元以上的，认定为刑法第二百零五条规定的'数额巨大'。"

如何规避虚开增值税专用发票的风险？其实很简单，只需做到以下四点：

第一，不要为他人虚开增值税专用发票。

第二，不要为自己虚开增值税专用发票。

第三，不要让他人为自己虚开增值税专用发票。

第四，不要介绍他人虚开增值税专用发票。

第八章　财税风险管控：堵住企业的财税漏洞

小微企业常见财税风险（二）

相比大中型企业，小微企业由于对增值税、消费税、企业所得税、个人所得税等财务知识缺乏系统的了解，更容易在财税环节出现风险。作为企业管理者，需要熟悉财税知识，了解财税风险点，避免财税风险，以促使企业健康、良性发展。

小微企业常见的财税风险包括以下六点。

1. 虚增成本费用

有的企业通过报销未真实发生的经济事项的票据套取费用，包括虚列会议费、培训费、差旅费、宣传费和广告费等，来虚增管理费用、销售费用，虚增成本，乱摊费用，以减少应纳税所得额，少缴企业所得税。

这种虚增成本费用的行为是典型的偷税漏税行为，可能导致大额应付账款无法完成支付，长期挂账，从而引发稽查。过高的结转成本会导致库存账户的异常，账面库存金额的严重不合理也是一个遗留问题，易触发预警。

对此，要做的整改措施包括：

第一，纠正财务陋习，减少虚列虚报违规陋习。

第二，完善企业财务制度，合法的凭证予以最大限度的税前列支。

第三，定期财务自查，及时清理往来款长期挂账。

第四，充分利用企业所得税优惠政策，最大限度享受税收红利，减轻企业税负。

2. 劳动关系中税务处理不当

企业在给员工发放薪酬或福利、与员工解除劳动关系等情况下，也存在涉税风险：

第一，企业在给员工发放各类福利时，未折算价值作为工资薪金按"工资、薪金所得"应税项目扣缴个人所得税。

第二，企业支付劳务报酬时，稿酬、特许权使用费未按规定代扣代缴个人所得税。

第三，企业解除劳动关系而支付给个人一次性补偿金时，超过当地上年职工平均工资3倍的部分未按"工资、薪金所得"应税项目代扣代缴个人所得税。

第四，企业为员工缴纳的养老保险、医疗保险、失业保险和住房公积金超过允许标准的部分未扣缴个人所得税等。

3. 帮人挂靠社保

按照《中华人民共和国社会保险法》的规定，用人单位必须与劳动者有正常用工或劳动关系，才可以给员工缴纳社保。没有劳动关系而为他人挂靠社保，实际上是以欺诈、伪造证明材料或者其他手段违规参加社会保险的行为。如果涉嫌欺诈骗保，数额较大甚至有可能触犯刑法。

2019年，人力资源和社会保障部出台了《社会保险领域严重失信人名单管理暂行办法》，明确规定将"以欺诈、伪造证明材料或者其他手段违规参加社会保险，违规办理社会保险业务超过20人次或从中牟利超过2万元"的企业列入社会保险严重失信人名单，帮他人挂靠社保的企业有被列入失信人名单的风险。

自2020年11月1日起，社保正式入税。社保数据不再以企业提供的数据为准，而是以金税三期数据库记录的数据为准。也就是说，企业给员工发放的工资应承担的个税、应缴纳的社保等数据均已被监控。原先挂靠社保（不发放工资、只缴纳社保费用）的行为已经行不通，而且风险极高。

4. 为他人提供担保

企业在经营中，可能会遇到朋友的公司贷款需要担保的情况，老板们碍于情面或者利益关系，在"这只是规定要求，走一下程序""一定会按时还钱，肯定不会让朋友吃亏"的说辞下，轻易就为他人提供担保。

如果对方逾期不还，根据法律规定，担保人要承担连带责任，为被担保人偿还债务。因此，老板们一定要谨慎对外提供担保，能不提供的绝不提供。

5. 谎报企业资产、人数

有些企业为了享受小微企业的税收优惠政策而谎报企业资产、人数，这种造假行为会给企业带来涉税风险。

案例

> 某电子商务公司在2022年申报享受小微企业所得税减免优惠政策，但税务机关经过大数据比对发现，其年度申报的资产总额与系统测算的数据差距较大。
>
> 经核查，该公司未按照全年季度平均值计算资产总额，只是对年初与年末资产进行了简单的平均计算，其年度申报的资产总额4150万元，远低于实际资产总额8562万元，不符合小微企业条件，无法享受小微企业所得税减免优惠政策，最终补缴企业所得税税款8.32万元，同时补缴滞纳金。

6. 股权转让时偷税

企业在经营过程中，股权调整和变动很常见，但是在交易和转让过程中，特别容易出现税务风险。有些企业在股权转让过程中，会试图伪造股权转让合同交给税务机关，申报缴纳较少的个人所得税，私下里再另行签订一份交易金额高的合同。这类"阴阳合同"是典型的虚假申报，构成偷税，将会面临偷税的行政责任乃至于逃税罪最高七年有期徒刑的刑事责任，可以说风险极高。

第八章 财税风险管控：堵住企业的财税漏洞

小微企业的零申报问题

所谓零申报，是指在税务机关办理了税务登记的纳税人、扣缴义务人当期未发生应税行为，按照国家税收法律、行政法规和规章的规定，应向税务机关办理零申报手续，并注明当期无应税事项。

在经营活动中，及时、准确地完成税务申报是企业应尽的义务。但在某些特殊情况（例如，由于经营不善或者行业环境不好等原因，企业没有产生任何应纳税收入）下，企业就可以进行税务零申报。

对于一些小微企业，尤其是初创期的小微企业，由于收入很低，或几乎没有收入，税务零申报在一定程度上减轻了它们的负担，而且简化了税务申报的流程。

1. 什么情况下可以零申报

如何判断企业是否可以进行零申报？根据税种，有以下三种情形：

第一，增值税可以进行零申报的情形：小规模纳税人应税收入为零，一般纳税人当期没有销项税额，也没有进项税额。

第二，企业所得税可以进行零申报的情形：纳税人当期没有经营，收入、成本都是零。

第三，其他税种可以进行零申报的情形：计税依据为零时。

通常，如果企业还在筹建期，没有投入生产经营，收入、成本和费用都是零，那么就可以进行零申报。这属于因为特殊经营状态可以零申报的情形，此情形一般有以下三种：

第一，新办企业未投入生产经营。

有些企业注册后，按规定办理了税务登记，启用了税种，甚至还申请了一般纳税人，但由于各种因素未能进行实际上的生产经营，这类企业可以进行零申报，但尽量不要持续3个月甚至半年以上。

第二，企业长期不经营。

当企业长期处于停业、未经营的状态时，需要进行零申报。

第三，企业业务具有明显的季节性。

比如，有些小型代工厂，从事的加工业务具有明显的季节性特征，有单就加工，无单就停工，没有常态化的固定生产计划，很可能在某一申报期内企业完全没有经营，只好零申报。这种情况也是合情合理的。

2. 小微企业可以零申报多久

对于企业可以零申报多久，其实没有强制的明文规定，但如果长期零申报，可能会受到税务局的稽查。超过6个月还一直零申报的企业，可能会被税务局稽查，甚至会被列入重点监控企业名单。

3. 零申报的常见误区

关于零申报的认知误区主要有：

第一，零税款=零申报。

例如，某公司为小规模纳税人，当月销售收入可以享受小微企业增值税免税优惠政策，在申报时，是否可以零申报？

答案是不可以。不用缴纳税款≠零申报，企业在享受免税优惠政策的同时应向税务机关如实申报。正确的申报方式是在增值税纳税申报表中如实填写享受免税优惠的数额。

第二，没有销售收入=零申报。

例如，某新设小规模纳税人，还没有产生销售收入，但已经发生增值税进项税额，并取得增值税发票，可以零申报吗？

答案也是不可以。新办企业当期虽未产生收入，但发生了进项税额，因此不能零申报。正确的申报方式是在增值税纳税申报表中对应的销售额栏次填写"0"，并将当期已认证的进项税额填入申报表中相关栏次，产生期末留抵税额留待下期继续抵扣。

第三，免税收入进行零申报。

例如，刘老板做的是水果批发生意，属小规模纳税人，也办理了增值税减免备案，当季销售收入全部符合免税条件，是不是可以直接零申报？

答案是不可以。正确的操作方式应当是将当期免税收入填入申报表中的"其他免税销售额"一栏。

第四，免征增值税，所以进行零申报。

通常，小规模纳税人可以享受免征增值税政策，对于符合免征条件的小规模纳税人，因为在免征增值税范围之内，直接进行零申报不是更省事？

事实上，享受国家优惠政策和企业如实申报是不冲突的，即使在免征范围之内，企业也要进行纳税申报，即计算出应缴纳增值税税额，再根据免征标准享受免税，中间的程序是必不可少的。

第五，取得的收入没有开票，所以进行零申报。

实操中，有很多老板认为自己的企业虽然有收入，但是没有开过票，所以税务机关也不知道自己的企业是不是在经营中，就大胆进行零申报。

要提醒各位老板的是，取得未开票收入也应当如实申报，否则被查处后不仅要补缴当期税款，还要加收滞纳金和罚款。尤其是在金税四期系统全面投入运行的当下，在大数据技术的帮助下，企业老板的公私账户都处于税务机关的监控中，每一笔收入都将无所遁形，任何逃税的想法都是不切实际的，都将面临巨大的风险。

第六，企业亏损，所以进行零申报。

例如，市场不景气，企业没收入，一直处于亏损状态，可以进行零申报吗？

事实上，企业的亏损是可以向以后五个纳税年度结转弥补的，如果企业进行零申报，第二年盈利就不能弥补以前年度亏损，并不划算。

另外，当年进行所得税零申报，却将亏损延长到之后的年度扣除，是不符合要求的。

4. 长期零申报有哪些风险

长期零申报的企业，会面临以下风险：

第一，被税务机关处罚。

如果企业隐瞒收入，选择了零申报，一旦被查到，就会被定性为偷税，不仅要补缴税款和滞纳金，还会被罚款。

> **案例**
>
> 某公司自成立以来一直进行零申报，未开具过发票，未能提供账簿资料。后来，税务局调取该公司2019—2023年银行账户资料，并结合其他相关资料和证据，认定该公司存在隐瞒收入的行为，在收取加盟费时未申报缴纳相应税费。税务局决定追缴其增值税、城市维护建设税、教育费附加、地方教育费附加、企业所得税，共计106345元；对该公司虚假纳税申报造成少缴税款的偷税行为，处少缴税款50%的罚款，共计53172.5元。连补带罚共计159517.5元。

第二，影响企业信用等级。

按照《国家税务总局关于明确纳税信用管理若干业务口径的公告》（国家税务总局公告2015年第85号）的规定，"非正常原因一个评价年度内增值税或营业税连续3个月或者累计6个月零申报、负申报的，不能评为A级"。

如果企业连续3个月或累计6个月零申报，企业的纳税信用等级就不能评为A级。如果提供虚假的申报材料去享受税收优惠，企业的纳税信用等级将直接降为D级，更加得不偿失。

第三，发票可能被降版降量。

企业长期零申报且持有发票的，发票可能会被税务机关降版降量，同时，纳税人还要定期到税务机关进行发票核查。

第四，被列为走逃户。

纳税人一旦被认定为走逃户，就会被纳入严重失信主体名单并对外公告。纳税人等级则会直接评为D级，纳税人须承担D级纳税人后果。

第五，被核定收入。

税务机关通过稽查，可以按照相关规定采用成本费用公式核定纳税人收入。

第六，可能会被吊销营业执照。

企业成立后无正当理由超过6个月未开业的，或者开业后自行停业连续6个月以上的，可能会被登记机关吊销营业执照。

企业长期不做账且零申报，很容易被税务机关稽查，严重的需要承担法律责任。小微企业应尽量避免长期零申报，如果不打算经营了，应当及时注销，以免受到处罚。

哪些企业会被税务机关"盯上"

税务稽查，简而言之，就是税务机关代表国家对纳税人的纳税事项和纳税资料进行监督的过程，是税收征收管理工作的重要步骤和环节之一。

税务稽查是市场经济环境下的一种特殊的经济监督管理手段，能够保证税收政策的顺利贯彻执行、各项税收法律法规的有效实施，进而实现税收分配的预期目标。税务稽查具体包括日常稽查、专项稽查和专案稽查。

小微企业会不会因为规模小而不被税务机关"盯上"，免于稽查？答案当然是不会。小微企业应当充分了解税务稽查，以免被处罚。

1. 哪些企业会被税务机关重点稽查

除了前文提及的财税不合规的企业外，有下列行为的企业，都将是税务机关的重点稽查对象。

第一，库存账实不一致。

金税四期上线后，企业库存会进一步透明化，账实不一致的企业会被重点关注。企业的每一张发票都会受到税务机关的监管，只要企业的进销项不匹配就会存在虚开发票的可能，就会被稽查。因此，企业一定要做好库存管理，统计好进销存数据，定期盘点库存，做好账实差异分析表，尽量避免库存账实不一致。

第二，开票异常。

发票开具实行全票面上传，简单说就是发票开具监管的不只是发票抬头、金额，还有开具的商品名称、数量、单价。

也就是说，企业的进销存都是透明的。如果企业开具的发票异常，可能会接到税务局电话,甚至会被实地盘查,一旦查出有问题,就会被处罚。

第三,收入与费用严重不匹配。

收入与费用严重不匹配主要包括:企业自身的收入与费用严重不匹配;重点费用(如差旅费等)异常;与同行业对比,收入与费用异常;等等。

第四,少缴个税和社保。

实行"五证合一"后,税务、工商、社保等部门已合并接口,企业人员、企业人员收入等相关信息互联,企业虚报工资已经没余地。此外,员工工资长期在5000元以下或每月工资不变的企业,税务机关将重点稽查。

第五,税负率异常。

税负率异常一直以来都是税务稽查的重点,如果企业平均税负率上下浮动超过20%,税务机关就会对其进行重点稽查。

第六,频繁公转私、大额转账。

目前,各大金融机构与地方税务机关都在严查洗钱行为,如果企业公转私或大额转账特别频繁,可能会被银行冻结账户,企业的公转私、大额转账交易都会被监管。

第七,没有正常经营场地。

很多没有正常经营场地的空壳企业,被用来洗钱、诈骗、偷逃税等,将是金税四期重点稽查的对象。

第八,常年亏损。

企业常亏不倒,明眼人一看就觉得有问题,对于这种企业,想让税务机关不查都难。

2.税务稽查查什么

税务稽查是税务机关根据国家税收法律、法规要求,依法查处税收违法行为,保障国家税收收入,维护正常的税收秩序,促进依法纳税,保证税法顺利实施的重要手段。税务稽查的具体任务主要包括以下三个方面:

第一,纳税人执行税法以及履行正常纳税义务的情况。

第二,纳税人执行财务纪律、制度以及会计准则的情况。

第三，纳税人的内部经营管理和核算情况。

另据《中华人民共和国税收征收管理法》，税务稽查被赋予的执法权有查账权、场地检查权、责成提供资料权、询问权、查证权、检查存款账户权、税收保全措施权、税收强制执行措施权等。

税务稽查的范围主要有：

第一，纳税人对税务相关法律、法规、制度等的贯彻执行情况。

第二，纳税人生产经营活动及税务活动的合法性。

第三，偷税、逃税、抗税、骗税、漏税及滞纳情况。

税务稽查的方式主要有：

第一，查合同。查询双方签订的合同的具体内容，从企业实际经营范围及需求出发，查看是否存在异常的交易情况。

第二，查发票。看销售方开具的发票是否符合企业经营范围内业务，购买方收取的发票是不是企业日常经营所需。

第三，查上下游。查询上下游的账簿，购买方和销售方针对同一笔交易入账的经济业务内容是否一致。

第四，查资金流。以结算方式为出发点，查询银行卡及现金的流向是否存在无真实资金流，或者资金流异常回流，以及双方的资金流不一致等情况。

3. 税务稽查的期限

在税务稽查实务中，税务机关对企业进行税务稽查时，最初确定的检查期间通常会在3年以内，但是会根据具体情况延长检查期间。总的来说，税务稽查的期限有3年、5年、无限期这三种情况。

根据《中华人民共和国税收征收管理法》规定，如果是因为企业计算错误等失误，造成未缴或者少缴税款的，税务机关可以追征3年内的税款、滞纳金，有特殊情况的，追征期可以延长至5年。

如果是税务机关的责任造成的，那只能要求补缴3年以内所欠的税款，且不得加收滞纳金。但如果属于偷税、抗税、骗税行为，那么税务机关可以无限期地追征税款。

4.如何应对税务稽查

万一企业遇到税务稽查,不要存任何侥幸心理,要针对稽查人员提出的疑点,仔细梳理企业业务。

企业相关人员要认真配合稽查人员,按要求提供账簿、记账凭证、报表等资料,稽查人员会在规定的时间内完整退还这些资料。对企业的实际经营情况,不要隐瞒不报,以避免不必要的风险。对政策理解有疑问的,主动与稽查人员多沟通。

税务稽查是一项专业、严谨的工作,企业应该组织专业人员认真陪同,做好配合工作,同时也应该掌握一定的应对策略。

第一,先自查,排除隐患。

企业要充分认识到税务稽查的重要性和严肃性,提前做好自查与相应准备。在接受税务稽查之前,企业应结合自身生产经营特点、财务状况和纳税申报情况,依据相关法律法规,仔细排查可能存在的风险,积极做好自查自纠工作,尽量采取补救措施,提前排除有关涉税风险,以便轻松迎接即将来临的税收专项检查。

第二,安排专业人员陪同。

税务稽查是一项专业性非常强的工作,企业不能敷衍了事,应安排内部专业素养高和工作经验丰富的人员陪同,从专业的视角配合稽查人员,随时解答稽查人员提出的问题。切忌让缺乏相关专业背景和工作经验的人员陪同检查,更不能凭着自己的主观愿望去向税务人员陈述事实,以免弄巧成拙,给企业带来不必要的损失。

第三,把握好提问重点。

在税务稽查过程中,稽查人员会提出各种问题,并要求陪同人员提供企业的各种生产、经营和财务资料,企业陪同人员应该根据稽查人员的提问,做到不卑不亢、沉稳冷静,先理顺其提问思路,领会问题背后的真实用意,再做下一步的应对工作,准确把握稽查工作的方向和重点。

第四，积极申辩，澄清事实。

一般情况下，被查企业都是在收到税务行政处罚事项告知书之后才进行陈述申辩，不过在税务机关作出处罚决定之前，随时都可以进行陈述申辩。企业不仅可以在稽查后对拟处罚决定进行陈述申辩，还可以在稽查过程中对涉税问题进行陈述申辩。

被查企业如果对稽查人员认定的某项违法事实有异议，应该当即提供证据，争取在案件进入审理环节之前澄清事实，避免节外生枝和出现错案，给企业带来额外损失。

如果被查企业并不是主观故意实施被认定的偷税行为，也可以在陈述申辩的时候讲明情况，请求税务机关给予最低额度的罚款，争取将损失降到最低。

第五，认真对待税务稽查工作底稿。

稽查人员在稽查结束后，会形成一份税务稽查工作底稿，这是对被查企业违法事实所涉及的业务情况和数据所作的描述，也是重要的证据。企业负责人要谨慎对待税务稽查工作底稿，不能草率写下"情况属实"的字样，在签署意见之前，应仔细查看税务稽查工作底稿中所提及的业务和数据，再结合企业相关的原始会计资料，认真核实，确保没有出入和偏差。